U0541118

拓展生命长宽高

新生命教育论纲

朱永新 著

商务印书馆
The Commercial Press

本书收入"新生命教育文库"

"新生命教育文库"编委会

编委会主任：朱永新

编委会副主任：冯建军　袁卫星　卢　锋

编委会委员：（按姓氏笔画排列）

王一方　王定功　王野川　卢瑞霞　成尚荣　刘正奎　刘济良

刘铁芳　刘　慧　孙云晓　纪洁芳　肖　川　何仁富　张文质

陈　俊　周国平　赵丹妮

代序

儿童幸福成长，从生命教育开始

我们知道，长期以来儿童是不受关注的。在人类历史的记载中，我们是"看不见"儿童的。

最早的一部儿童宪章是1923年起草的《儿童权利宪章》。1959年的联合国大会才通过了《儿童权利宣言》。也就是说，上个世纪中叶我们才开始承认儿童，才承认儿童是一个独立的人，才承认了儿童所拥有的权利。

而真正从法律意义上承认儿童的权利，是20世纪80年代的事。1989年11月20日，联合国第44次大会以25号决议的形式正式通过了《儿童权利公约》。这个公约如今已经有将近200个国家参加了，我国在1991年12月经全国人大正式批准，成为儿童权利公约的缔约国。

重视儿童，是一个社会一个国家文明进步的标志。从世界范围来看，把儿童优先的原则正式提出来也只有不到30年的时间。1990年，世界上举行了首届世界儿童问题首脑会议。这次会议明确提出了一个口号——First Call For Children（一切为了儿童），同时提出了儿童优先原则。这个原则要求世界各国应该向所有的儿童生存和正常发展提供基本的保护，在社会所有资源分配情况下，儿童的基本需求应该得到高度的优先满足。原因很简单，儿童是国家的未来，是世界的未来。

1996年，联合国儿童基金会和联合国人居署共同制定了一份《国际儿童友好城市方案》。他们关于儿童友好的内容，主要包括三个方面：一是保护儿童权利，二是满足儿童需求，三是确保儿童参与。

为什么要关注儿童，为什么要儿童优先，为什么要对儿童友好？我认为至少有以下几个原因：

第一，对于成年人居多的社会而言，儿童是弱势人群。这个社会的所有规则都是成年人制定的，所有的标准都是成年人决定的。儿童在大多数情况下没有发言权，没有表决权，没有决策权。儿童的主张经常是没有人代言的，儿童也很难发出自己的声音，只有在18岁以后才能够作为公民拥有自己的相应权利。

第二，童年生活是否幸福影响到一个人的一生。今天的幼儿将成为什么样的人，起决定性作用的是他们如何度过自己的童年。意大利儿童教育家蒙台梭利说："所有人都关注儿童的未来，但是恰恰没有人关心儿童的现在。""成年人的幸福是与他在儿童时期所过的生活紧密相连的。"奥地利心理学家阿德勒则说："幸运的人一生都被童年治愈，不幸的人一生都在治愈童年"。苏霍姆林斯基也有一段非常精彩的话："童年是人生最重要的时期，它不是对未来生活的准备时期。童年是真正的、灿烂的、独特的、不可或失的、不可重现的一种生活。"几乎所有有真知灼见的伟大学者都洞见到，成年人是否幸福和他童年时期是不是幸福有着非常密切的关系。

但是，我们经常打着为了儿童的未来幸福的旗号牺牲儿童当下的幸福。其实，我们知道，过去、现在和未来是一条长河，对儿童当下的关注，就是对儿童一生的关注。现代心理科学已经发现，一个成年人身上所有的问题，差不多都可以从他的童年生活中找到答案，可以从他的童年生活经历中寻找源头。所以，童年对一个人的影响来说，的确是非常非常重要的。

第三，童年的长度反映了一个国家的高度。一个国家对儿童关注的程度，很大程度上体现了这个国家文明的程度。儿童是一个未经雕琢未受污染的个体，虽然不够成熟，但是弥足珍贵。儿童身上保存着人类最珍贵的品质。

第一个品质，好奇好问。当儿童来到这个世界的时候，一切都是他所未知的，他对世界的一切都充满着好奇，他想探索，他想了解，好奇心和提问题，是打开世界之门的钥匙。

第二个品质，纯洁天真。儿童是纯洁的，天真的，没有成年人世界的尔虞我诈、钩心斗角，没有各种虚假、狡诈、丑恶。在生活中，我们如果说一个人很天真，很纯真，很纯洁，往往就是表示他有童心。这自然也是弥足珍贵的。

第三个品质，无忧无虑。儿童本质上对这个世界是不设防的。他没有什么忧虑，不用担心明天，也不用考虑油盐酱醋，不用担心任何事情，他只要啼哭差不多就能够满足自己的需求，所以儿童是快乐的。一个人一天到晚愁眉苦脸担惊受怕，那他不是儿童了，他有着成年人世界的痛苦。儿童其实是真的没有痛苦的，或者说儿童的痛苦都是瞬间的，在他的躯体和其他需要得不到满足的情况下，他才会表现出短暂的痛苦。

第四个品质，活泼好动。这个和好奇好问是紧密联系的，他要不断地去探索这个世界，就需要活动，通过他的手，通过他的腿，通过他的肢体等各种各样的方式。他要释放他的能量，你让一个儿童坐在那不动，双手背起来听老师讲课，那你已经不是把他当作儿童来对待。儿童是活泼好动的，好动是儿童的天性，所以你要跟他游戏、跟他玩，你要跟他奔跑，你要让他走进自然。

第五个品质，不惧权威。成年人世界是有角色之分，是有上级和下级，有领导和被领导的关系，是有权威的。儿童世界里没有权威，没有大小，完全平等。所以当儿童和你讨论，儿童和你争辩，儿童和你坚持，你不要觉得是他太倔强了，而是因为他根本没有把你当权威。当他发现权威、承认权威的时候，他已经不完全是儿童了。

这五个品质基本上可以勾画出一个儿童基本的模样。我们看这五点儿童的基本特征，恰恰是人类最宝贵的五点品质。成年人是否能够勇于探索，是否能够真诚待人，是否能够乐观开朗，是否能够乐于行动，是否勇敢坚毅，与他们在儿童时期这些品质是否得到呵护有很大的关系。随着人的成长，随着生活世界给我们的标准，我们的童心会不断地削减、不断地遮蔽，慢慢地就不再是一个儿童了。所以一个人如果能始终让大家觉得有童年的纯真，有童年的纯洁，有童年的好奇，是非常了不起的。儿童本身具备的品质，值得我们用心呵护。我们要珍惜儿童身上这些宝贵的品质,让儿童有真正的童年,让成人葆有真正的童心。让儿童童年的长度能够不断地去延长,才能体现这个国家的高度。

教育应该回到常识,首先必须从看见儿童开始,让儿童站在舞台的中央。

看见儿童,让儿童站在舞台的中央,不仅是一种教育理念,更是实实在在的行动。有这么一个真实的教育片段——"花儿为什么会开?"有一天,幼儿园的老师这样问她面前的小朋友。第一位小朋友说:"她睡醒了,她想看看太阳。"第二位小朋友说:"她一伸懒腰,就把花骨朵顶开了!"第三位小朋友说:"她想和小朋友比一比,看谁穿得最漂亮。"第四位小朋友说:"她想看看,小朋友会不会把它摘走。"第五位小朋友说:"她也长耳朵,她想听小朋友唱歌。"突然,第六位小朋友问了老师一句:"老师,您说呢?"老师想了想说:"花特别懂事,她知道小朋友们都喜欢她,就仰起她的小脸,笑了!"听到这儿,孩子们全看着老师笑了。那笑脸比花更好看。只有老师知道,她原来的答案是:"花开了,是因为春天来了。"

这个真实的教学片段给人的启迪是深远的。孩子们那些极富想象力、创造力且带感情色彩的句子,与老师原先准备的那个固定设计、一成不变的答案,形成了多么鲜明的对照!课堂教学,就是要保护这种积极的求异性,让学生多方面、多角度、多起点、多层次、多原则、多结果地思考问题;就是要培养这种洞察的敏锐性,让学生不断地将观察到的事物与已有知识或假设关系,事物之间的相似性、特殊性、重复现象联系起来,进行比较,获得发现；就是要珍惜这种想象的丰富性，让学生带着主观臆测，哪怕是虚假和错误将感性认识暴露出来；就是要激发这种灵感的活跃性，让学生学习兴奋的选择性得到泛化，神经联系的突发性得到加强。一言以蔽之，就是要激发学生的创新意识。而所有的一切，都需要教师有这样一个观念：让儿童站在舞台的中央。

当然，让儿童站在舞台的中央，不仅在课堂里，在家庭里，在学校中，在社会上，在儿童成长的一切生命场域中，都要能做到。

"什么教育最能发展儿童，什么教育最能让儿童幸福成长？"这次，一场突如其来的新冠疫情或许已经给了我们答案。

疫情发生后，我曾在第一时间呼吁："停课不停学"固然重要，但守住教育的底线、关注教育的本质更重要。作为一名教育工作者，这个时候更重要的是坚守教育的根本，反思教育的目的。面对灾难，我们到底要用什么来教育儿童？我们能不能把疫情灾难作为教材，把危机变成机遇，真正重构我们的教育？面对这样一场疫情，我们除了教会儿童如何做好个人防护、养成良好的个人卫生习惯，还应该传递哪一些理念和认知？

一线医务人员的执着坚守，各条战线上工作人员的无私奉献，一方有难八方支援的团结精神，在疫情防控中都得到了集中的体现。感人的场景也可以化作课堂的养分，让孩子们乃至于全社会共同思考：在生命面前，个人、集体、政府乃至于全社会的"所为"与"应为"到底是什么？今天的儿童就是未来的专家、医务人员、公务员、企业员工等社会成员，不同的社会角色究竟要如何对待生命，如何理解责任，这些都涉及生命教育。

应该说，生命和教育本来就是一体的，教育本来就是为生命而准备的，教育的使命就是帮助一个人从自然人变成社会人，同时拓展一个人生命的长度、宽度和高度，帮助每个生命成为更好的自己。

教育应该以生命为原点，重归生命的本体，向内审视生命的本质，让生命回归自身价值；向外建构教育的场域，筑造生命的精神家园。

我们的教育对生命本身缺乏必要的关注。当今社会已是一个科技理性主宰的世界。当下教育往往注重的是学生认知能力的培养，向学生传授"何以为生"的知识和本领，学生往往成为接受知识的容器，从而只见知识而不见生命。这次疫情也暴露出生命教育的缺失问题。我们孩子的生命，学校师生的身心健康，正在遭遇危机。这些问题固然有文化的因素，有社会的原因，但教育对于生命的关注不够，无疑也是重要原因之一。

所以我们新教育在研究未来课程的时候，专门研发了一门"新生命教育"课程，并以"拓展生命的长宽高"为核心理念。

我们提出，生命教育首先要关注人的自然生命，因为这是生命的长度，人的肉身是生命的物质基础。我们认为，安全与健康构成了生命的自然属性，是生命发展的基石。无论是缺乏安全，还是健康，都不可能有生命持续的发展。因此，我们主张，学校教育首要的应该把关于安全的知识与技能教给我们的孩子，让他们了解居家安全、校园安全、社会安全、游戏安全、运动安全、交通安全、野外安全等常识，防范和应对校园暴力、疾病传染及其他意外。让师生知道，学会保全生命是第一位的选择。这也是世界生命教育的普遍做法。一个最简单的事实逻辑是：只有在生命得到保全的情况下，生命的其他意义才有延展的可能。

我们还主张，应该重视师生的身体健康、心理健康和两性健康，让学生了解关于营养、运动、治疗等基本知识与技能，掌握情绪管理、环境适应、压力纾解等方法。每个人的生命都是非常有限的，都只是人类生命链条中极其微小的一环。但人类生命正是由这样无数微小的一环又一环组成。每一环的长短，都影响着整体。教育应该通过对个体自然生命在安全与健康两方面的努力，延长每一个人的生命长度，从而无论是从社会持续发展的角度看，还是从整个人类生命的代际角度看，用这一环又一环的点滴累积，增加人类生命链条的长度。

这次疫情也提醒我们，教育要更多关注学生的安全与健康：引导学生勤洗手，懂得何时需要戴口罩，懂得敬畏自然、敬畏生命，学会紧急避险和自我保护，养成科学膳食、锻炼身体、合理作息等良好习惯。把这些做好了，生命的物质基础就打牢了。那碰到灾难、碰到疫情，我们到底应该怎么办？该如何自我保护并帮助他人？这也是教育中必须加强的。央视网有一则报道：2020年11月19日，日本一艘载有52名小学生的海上渡轮在撞击岩石后沉船，令人吃惊的是，在这起沉船事件当中没有出现任何人员伤亡，所有的孩子都顺利获救上岸！这些孩子之所以在突如其来的灾难面前如此镇定勇敢，没有乱作一团，和他们从小接受的教育是分不开的。日本学校教会了孩子们最重要的一课：在面对不同的灾难时该怎样自保！

同时，生命教育要关注人的社会生命，这是生命的宽度。除了安全和健康之外，我们的教育还要立足于生命的社会属性，我们每个人都生活在社会中，都要和别人打交道，都要学会理解、宽容、尊重别人，成为一个受欢迎的人。所以，我们也该引导学生热爱生活，让学生熟悉在开放的国际视野下与他人相处的法则；认识到个体生命的共在性以及他人的存在对于自己生命的意义和价值；学会和谐相处，相互关心，共同合作，彼此尊重；学会沟通，同情弱小，积极面对人际冲突，树立宽容意识；学会尊重人与人之间的差异，发展健康的人际关系；学会拥有个性化的积极力量，包括乐观、胜任感、自尊感、人际支持等。

在疫情期间，我们看到了许多一方有难八方支援、一家有难众人相助的温暖故事，看到了许多医生护士无私仁爱之心，这都是我们应该学习的榜样。我们怎样帮助孩子们懂得尊重、懂得感恩、懂得仁爱，帮助孩子们培养良好的社会情感，这是我们在生命教育的宽度拓展方面应该做的。

当然，生命教育还要关注人的精神生命，这是生命的高度。我们的教育要立足生命的精神属性，引导学生能够不断进行生命的自我体验和省思，欣赏和热爱自己与他人的生命，珍惜生命的存在，期盼生命的美好，体悟生命的意义，并且能够把这种生命的关怀和热爱惠及他人、自然，具有人文关怀、民胞物与的胸怀以及宽广的人类情怀。

人是一个符号性的动物,人是要有价值观和信仰的,是要过精神生活的。人类最伟大的智慧、最伟大的思想就在那些最伟大的著作之中。怎样通过阅读来提升我们的精神的高度?在疫情面前、在灾难面前,我们能不能为了公共利益挺身而出、仗义执言,能不能为了普通老百姓而勇于坚守,敢于担当?疫情中的李文亮医生、钟南山院士等等,他们就是这样一种精神和信仰的体现。

所以我说,儿童幸福成长,首先要从生命教育开始。我曾经提出"生命教育,让教育回家",其实就是要"让生命回归教育的主场",把生命教育作为我们教育最根本的出发点,作为我们教育的最大共识。

从新教育诞生的第一天开始,我们就强调对生命的关注关怀。"为了一切的人,为了人的一切",这个人本主义的立场,在 2000 年《我的教育理想》出版的时候,就已经明确提出。从那个时候开始,生命教育就一直是新教育的核心主题。在新教育提出的"研发卓越课程"行动中,就把生命教育作为整个卓越课程体系的基础。经过多年的酝酿和研究,2015 年,在第十五届全国新教育学术年会上,我和研究团队发布了《拓展生命的长宽高》报告,详细阐述了新教育视野下的生命教育——新生命教育的内涵、价值和实施路径。也是在这次年会上,新教育研究院和山西教育出版社联合成立了新生命教育研究所,开启了研发课程、编写教材、培训教师、推广生命教育的工作。2018 年,一套贯穿小学一年级至高中三年级的 22 册共计 144 课的《新生命教育》全部编写完成并正式出版,受到了全国很多学校师生的青睐和好评。同时,

《中小学生命教育课程的实践探索》先后被立项为江苏省教育科学规划重点课题、广东省教育科学规划重点课题、深圳市教育科学规划重大成果推广课题、教育部政策法规司委托课题，等等，课题成果获得广东省基础教育教学成果奖特等奖。

生命是大自然最为神奇的创造，每一个生命都是一个奇迹般的存在。生命因独特而弥足珍贵。世界上没有两片完全相同的树叶，更没有两个完全相同的生命。每个生命的理想归宿便是成长为最好的自己，每一个生命都是不可替代的存在。生命因自主而积极发展。人的生命具有强烈的自主性，体现出特有的自觉、自为和创造的特点。每个人都是自己生命的主人，是自己生命的创造者和塑造者。生命因超越而幸福完整。人只有实现生命的价值，活出生命的精彩，才能感受到幸福。人只有发挥生命的潜能，张扬生命的个性，才能谈得上完整。在自我超越中生命不断走向幸福和完整。让生命回归教育的主场，让儿童站在舞台的中央，在我看来，这正是"生命教育与儿童成长"的迫切之需。

2012年党的十八大明确提出"要倡导人类命运共同体意识"。2015年，习近平总书记出席博鳌亚洲论坛年会时提出了"推动建设人类命运共同体"的倡议。迈向人类命运共同体，这是中国领导人基于对历史和现实的深入思考给出的"中国答案"。

那么，作为教育工作者的我们，又该如何对这个"中国答案"做出我们的行动呢？围绕"生命教育与儿童成长"的主题，站在未来的人类自身来审视，我认为，推动和实现人类命运共同体，要从和儿童建立命运共同体开始。

今天的儿童就是明天的公民，今天儿童的模样，就是明天共和国的模样。儿童是未来世界的主人，是人类命运的主宰，可以说有什么样的儿童，就有什么样的世界和未来。蒙台梭利说过："我们的错误会落到儿童身上，给他们留下一个不可磨灭的痕迹，我们会死去，但是我们的儿童将承受因我们的错误而酿成的后果，对儿童的任何影响，都会影响人类，因为一个人的教育就是在他的心灵敏感和秘密的时期完成的。"关注儿童成长，就是关注人类的命运；对儿童友好，才会让人类美好，让明天美好。

我们曾经也都是儿童，儿童也都终将是我们。只有当我们意识到，每个生命，每个儿童都和我们的命运休戚与共，都和我们的未来息息相关时，我们才能真正走向人类命运共同体。让我们拉起每一个儿童的手，不让任何一个孩子掉队，和儿童建立命运共同体，共同过一种幸福完整的教育生活。

面向未来，面对挑战，让我们以生命的名义重塑教育，让我们以儿童的立场同心合力，为实现中华民族伟大复兴，推动构建人类命运共同体，做出我们教育人的最大努力和贡献。

朱永新

目　录

前　言 / 001

第一章　新生命教育的内涵与特点 / 003
　　一、新教育对生命的认识 / 003
　　二、新教育视野下的生命教育 / 012

第二章　新生命教育的价值与意义 / 030
　　一、拓展生命的长度是锻造人类生命链环的重要基础 / 031
　　二、拓展生命的宽度是实现人类社会和谐的有效途径 / 039
　　三、拓展生命的高度是构筑人类精神高地的根本手段 / 045

第三章　新生命教育的理念建构 / 051
　　一、新生命教育的理念 / 051
　　二、新生命教育的原则 / 056

第四章　新生命教育的渗透课程 / 064

一、新体育课程 / 065

二、每月一事课程 / 069

三、晨诵午读暮省课程 / 070

四、电影课程 / 071

五、班会课程 / 073

六、生日课程 / 074

七、生死课程 / 076

八、生命叙事课程 / 077

第五章　新生命教育的专设课程 / 080

一、为什么要开设生命教育专设课程 / 080

二、新生命教育专设课程的理念 / 082

三、新生命教育专设课程的特点 / 084

四、新生命教育专设课程的目标 / 086

五、新生命教育专设课程的内容设计 / 089

第六章　新生命教育的教学原则与方法 / 100

一、新生命教育的教学原则 / 100

二、新生命教育的教学方法 / 103

第七章　新生命教育的评价方式 / 110

一、新生命教育评价的方向 / 110

二、新生命教育的评价原则 / 114

　　三、新生命教育评价的内容和方法 / 117

第八章　新生命教育的师资培养 / 121

　　一、提升每一个教师的生命素养 / 122

　　二、开展生命教育教师的培养和培训 / 125

结　语 / 130

附　录 / 132

　　附录1：新生命教育课程建设的探索与实践成果报告 / 132

　　附录2：新生命教育研究所主要著作 / 153

　　附录3：新生命教育研究所主要期刊成果 / 154

　　附录4：中小学生命教育课程推荐阅读书目 / 159

主题索引 / 181

参考文献 / 183

后　记 / 196

前　言

　　越是具有根本性的重要事物，往往越是容易在认知中产生盲区。空气之于人类是不可或缺的，然而只有当漫天雾霾时，人们似乎才意识到空气如此重要。人类对于生命的认知，同样如此。对于人来说，最重要的无疑是生命，没有了生命就没有了人的一切。生命对于教育，同样如此。教育培养人，无论培养什么样的人，基础和核心都在生命。生命是教育的根基，教育的根本就是生命教育。

　　诞生于20多年前的新教育实验，一开始就把关注师生的生命成长与幸福完整作为自己的重要价值追求。我们于2005年四川武侯年会上正式提出了"新生命教育"和"新公民教育"的课程理念，2008年浙江苍南年会上提出了"知识、生活和生命的深刻共鸣"的理想课堂，2009年江苏海门年会上正式提出了"书写教师的生命传奇"，2012年山东临淄年会上正式提出"新教育道德人格发展图谱"，2015年成都金堂年会上正式提出"拓展生命的长宽高"等等。

　　新教育的核心理念是"过一种幸福完整的教育生活"，围绕这一核心理念，新教育人经过多年的酝酿与思考，提出了新教育卓越课程体系。这个课程体系以新生命教育课程为根基，以新德育课程（善）、新艺术课程（美）、新智识课程（真）为主干，并以"特色课程"作为必要补充。

我们说的新生命教育，即新教育视野中的生命教育。"新"既是取新教育的"新"，也是在新时代背景下，针对传统的干预性、治疗性生命教育提出的，以"过一种幸福完整的教育生活"为核心理念，从全人教育视角开展的预防性、发展性生命教育。新生命教育是以人的生命成长为主线，围绕着人的自然生命、社会生命和精神生命展开的专门化的教育，旨在引导学生认识生命、珍爱生命、发展生命，拓展生命的长、宽、高，让有限生命实现最大的价值，让每个生命成为最好的自己。

新生命教育课程是新教育课程体系中的基础性课程，包括专设课程和渗透课程。新生命教育课程作为新教育课程体系的基础，恰如一棵参天大树的根系，既为新教育整体课程输送源源不断的养分，本身又是一个独立的、重要的研究对象。

新生命教育课程为何会成为新教育课程体系中不可或缺的基础？新生命教育的课程究竟该如何展开？这首先需要从认识新生命教育开始。

第一章 新生命教育的内涵与特点

一、新教育对生命的认识

1. 生命的界定

毫无疑问，生命是大自然最为神奇的创造，是大自然的奥秘。每一个生命都是奇迹般的存在，需要人类不断地认识和探索。就未来的发展可能看，人工智能迭代到一定程度，具备了某种符合生命内涵的基本属性也将可能被纳入生命的范畴，包括人机混合体，纯自由意志人工智能机器人等。

什么是生命？这是一个关乎人类的根本性问题。和德尔菲神庙门楣上刻的那句"认识你自己"一样，"什么是生命"的问题，直指人类对自身的认知与理解。人类对自身的探究从未停止，对生命的洞悉也从未穷尽，对生命的认识和探索，一直在进行中，因此，对"生命"一直也没有出现过公认的标准定义，也一直没有固定的答案。

就生命的内涵而言，随着学科的分化，涉及生命的各门学科都试图从各自的角度来界定生命，形成了对生命的不同认识和理解。

生物学意义上的生命，是蛋白质存在的一种形式，是指由高分子的核酸蛋白体和其他物质所组成的生物体，蛋白质通过新陈代谢作用不断地跟周围环境进行物质交换，促进生命的成长。

社会学意义上的生命，强调人从自然生命到社会生命，实现人的社会化。社会性是人的生命区别与其他物种生命的本质属性。按照马克思的观点，人的本质是社会关系的总和。

哲学是关于人的意识、精神和灵魂意义的学问。不同的哲学思想对生命的认识不尽相同，他们提出人是理性的动物，人是符号的动物，人是文化的动物，人是游戏者，等等。他们对生命的认识都指向生命的精神层面，如叔本华的"生命意志"、尼采的"强力意志"、狄尔泰的"生命体验"、柏格森的"生命冲动"等。

从心理学、政治学、经济学、文化学、伦理学等其他角度，人们对生命还有更多定义。所有这些定义，显然是从不同角度界定生命，也是从不同侧面丰富完善着人类对生命的认识。

不同学科对人的生命的认识，可以归为三类：一类是生物学、生理学的认识，看到生命的生物性、生理性，人是一个自然生命体，与动物的生命有相同之处，也有人类生命的特殊性。第二类是社会学、经济学、政治学、伦理学的认识，看到的是政治、经济、道德和文化生活中的人，强调生命的社会性，把人视为政治人、经济人、文化人和道德人。第三类是心理学、哲学、宗教、文学等的认识，突出生命的精神性，把精神、理念、意志等看作人生命的根本特征，把人视为一个精神的存在者。作为一个学科，对人的认识都有特定的视角，视角本身只是看问题的一个角度，具有片面性、局限性。因此，学科视角下的生命认识，也只能反映生命的一个方面。

现实中的人是一个完整的人，具有生物体肉身的自然生命，也有社会交往的社会生命，还有理想和追求的精神生命。从教育学的角度看，生命是能够自我成长的有机体。教育面对完整的生命，教育的使命在于培养、丰富和发展人的生命，教育就是积极促成个体生命自我成长的活动，使人的生命不断丰富、提升，不断趋于完善的活动。教育是属于生命、为了生命的事业，教育学就是迷恋和帮助学生生命成长的学问。

2. 生命的特点

第一，生命因独特而弥足珍贵。

世界上没有两片完全相同的树叶，更没有两个完全相同的生命。不同的遗传基因、不同的社会经验、不同的心灵感悟，决定了世界上没有两个完全相同的人。世界犹如花园，美在百花齐放；生命犹如鲜花，美在各美其美。

生命的独特性造就了世界的多样性和丰富性，意味着每个生命的理想归宿便是成长为最好的自己，我们每个人也只能成长为最好的你、我、他，而无法互相取代。生命的独特性也决定了每一个生命都是不可替代的存在，任何一个生命的消亡都是无法弥补的遗憾。帮一个生命成长一点，就是将世界完善一点；让一个生命延长一点，就是把世界拓展一点。这也正是教育的价值和意义之所在。

每个生命只有一次，都是独一无二、无法复制的。同时每个生命的成长也是不可逆的，无法重来的，与时间一样具有矢向一维性，这就使生命显得格外珍贵。因此，最好的教育应该是珍惜和尊重所有生命的教育，让人们认识生命、理解生命、珍惜生命、呵护生命、热爱生命和成就生命，让每个生命活出自己的风采，活得有尊严，活得幸福，活得有意义。

第二，生命因自主而积极发展。

在苍茫世界、浩瀚宇宙之中，每一个生命都显得那么脆弱、微小，存在的时间是那么短暂。所有生命都是深受局限的存在，人的生命同样如此。生命的存在，受制于空间和时间，既被周围的环境深刻影响，又被不可逆的时间牢牢束缚。

但是，和其他生命不同，人的生命具有强烈的自主性。人的生命发展既受限于外因的影响，同时取决于内因的自我抉择，体现出特有的自觉、自为和创造的特点。人的生命成长的主动权在自身，人是自身生命成长的主体。人在成长的过程中，不断突破旧我，生成新我，从而让生命成为一个动态生成的系统。在这个不断生成的动态的过程中，不断生成新的生命。《易经》的"生生"思想说的就是生命的这种生成性。法国哲学家柏格森也指出："对有意识的存在者来说，存在就是变易；变易就是成熟；成熟就是无限的自我创造。"①生命的发展有正向与反向两种可能,有自觉与盲目两种方式。生命的发展性决定了最好的教育应该能够帮助师生朝着正向前行,向着自觉发展,"苟日新,日日新,又日新"。在这个意义上,教育为生命发展提供了无限的可能性。因此我们说,每个人都是自己生命的主人,是自己生命的创造者和塑造者。生命的自主性,决定新生命教育应该帮助每个人学会自我教育,让每个生命成长为自我教育的主人,自主成长,让每个生命在有限的历程中,成为最好的自己。

第三,生命因超越而幸福完整。

幸福,是人类永恒的追寻。过一种幸福完整的教育生活,是新教育人追寻的梦想。人只有实现生命的价值,活出生命的精彩,才能感受到幸福。人只有发挥生命的潜能,张扬生命的个性,才能谈得上完整。

当人意识到自我的生命是一种有限性的存在时,人并不安于成为有限存在的奴隶。在美国当代哲学家尼布尔(Reinhold Niebuhr)看来,生命的超越性表现在"对自我的改善和对生命有限性的突破"。②人能够意识到自身的潜能和使命,从而自觉地赋予自己有限的生命以充实的内涵,突破现实世界的种种束缚与困境,谋求自我生命价值的创造与提升,追寻更高的价值和意义。

---

① 〔法〕亨利·柏格森著,王珍丽、余习广译:《创造进化论》,湖南人民出版社 1989 年版,第 10~11 页。
② 〔美〕莱因霍尔德·尼布尔著,蒋庆等译:《道德的人与不道德的社会》,贵州人民出版社 1998 年版,第 2 页。

这就是一个人在努力超越生命的有限存在。所以，哲学家萨特说，"人是其所不是，又不是其所是"。已经成为人的一部分的现实的"是"，不是人所满意和追求的，人所满意和追求的又是那些"不是"。人就是这样，是自己的自己不满意，满意的又不是自己的，因此，不满现状，求新求变。人生就是这样一个不断追求、不断超越、不断发展的过程。生命之所以生生不息，就在于不断超越。

在这个不断自我超越的过程中，人创造并享受着当下存在的幸福、不断突破的幸福，通过这两种不同的幸福，感受到人之为人的矛盾统一的整体存在。这种生命的完整性，一方面体现在过程中每一个阶段、每一个当下，一方面又体现在生命完结处的个体成熟、自我成就、自我实现。

正因意识到生存的局限，才产生了超越的可能。正因不断地自我超越，人的生命才实现了自由发展。如果没有超越，人只能维持在现实之中，顺应本能，顺应社会的要求，成为社会的被动适应者，而不是创造者和建构者。生命的超越性告诉我们，生命是不断超越的，生命的发展来自于生命的超越性。超越性是生命的本性，人是自我超越的主体，人的发展主动权在人自身。因此，教育必须激发人生命的超越性，通过生命的主体发生作用，重视个体主观能动性的发挥。生命的超越性决定了新生命教育应该让师生与人类的崇高精神对话，帮助师生不断超越当下的自我，不断挑战生命的可能，发挥生命的无限潜能，让有限的生命实现最大的价值，让自己充分体味人生的幸福完整。

3. 生命的属性

生命由哪些维度构成，学者们仁者见仁智者见智。如前所述，学科视野中的生命是单维度的，生命教育研究者提出生命应该是完整的。但就完整生命而言，也有不同的认识，有人提出了种生命和类生命，有人提出了自然生命、社会生命和超越生命，有人提出了生命的真善美等。

新生命教育在综合分析不同学科对生命认识的基础上，提出生命的三重存在，或者三重生命：肉身的诞生，是生命的自然事实；交往关系的存在，则是生命的社会事实；自我意识的觉醒，是生命的精神事实。这三个事实，构成了我们理解生命的三个基本维度。所以，新生命教育提出三重生命：自然生命、社会生命和精神生命。自然生命强调个体的生物存在，如身体、组织、器官等生理系统；社会生命强调个体在与他人、社会、自然的交互关系中形成的社会属性；精神生命突出个体的情感、态度、思想、信仰、灵魂等价值体系。人的三重生命之间互相联系、互相制约、辩证统一，共同构成生命的整体。

自然生命是社会生命、精神生命得以存在的前提。没有自然生命，也不可能有社会生命、精神生命的存在。自然生命的长度，有效地保障并促进着社会生命、精神生命的继续发展。但自然生命受生物规律所支配，我们追求自然生命之长，但再长的生命都是有限的。正因为自然生命是有限的，所以，生命才显得弥足珍贵。生命没有第二次，也不可逆转，这是自然生命的本性。

社会生命是人的交往的产物,既取决于自己,也取决于他人。正如马克思所说:一个人的发展取决于和他直接或间接进行交往的其他一切人的发展。社会生命制约着自然生命的丰富和精神生命的提升。自然生命是生命存在的前提,但只有自然生命不是人的生命存在,人的自然生命与动物自然生命的不同,就在于它带有社会的烙印,具有社会的属性。社会生命的宽度突破了自然生命的局限,影响着人们对自然生命的认知和把握,并从很大程度上决定了精神生命的境界。

精神生命是人的意识、意志和信念系统,它能最大限度地突破自然生命、社会生命的局限,绽放人这一特殊生命体的存在价值,使人成为特有的类生命存在。自然生命为生物体所决定,社会生命为社会所决定,但精神生命为自我所决定。我们无法决定自然生命的长度,也无法决定社会生命的宽度,但我们可以决定精神生命的高度。精神生命的高度,是对自然生命、社会生命的最终升华与定格,是使人成为人,成为他自己的根本动力。毛泽东说,人活着,总是要有一点精神的。精神是生命的动力,是生命不息的源泉。

在这三重属性之中,社会生命和精神生命是人的本质属性,离开社会生命和精神生命,人的自然生命就退化为简单的动物本能,不可称其为人。所以,只有集自然生命之长、社会生命之宽、精神生命之高,才能够形成一个立体的人。这样的生命体,也才是我们认为的完整的人。

也就是说,生命最终是否幸福完整,是由生命的三重属性共同决定的。自然生命之长强调延续存在的时间，社会生命之宽重在丰富当下的经验，精神生命之高则追求历久弥新的品质。人的成长，就像筑造一座金字塔般，以自然生命之长、社会生命之宽为底座，底座越牢固越厚重，精神生命之高则越可能坚不可摧，直至高耸云霄。新生命教育认为，生命教育的本义就在于拓展生命的长宽高。

长宽高三者的立体构筑，构成了生命这一"容器"的容量。一个平常的肉身究竟能够走多远？一个普通的灵魂究竟能够创造怎样的传奇？要以生命的长度、宽度、高度三个维度共同观照，进行追寻。

从一个理想的生命状态来说，全面地拓展生命的长度、宽度和高度是最理想的生命结构，但由于生命的偶然性和不确定性，生命的长度有时是不可控制的。有些生命虽然很短暂，但是由于其生命拥有足够的宽度和高度，他们的生命容量依然很充盈，生命的品质依然很高洁，足以形成一座伟大的丰碑。

我们以此反观今日愈演愈烈的应试教育，就不难发现：如今越来越早就开始的严密应试训练和沉重的学习负担，不仅戕害了生命的长度，同时也极大地缩减了生命所能达到的应有宽度，弱化了生命所能达到的应有高度。一个人的生命欠缺了应有的长度、宽度与高度，那么他所能发挥的创造力就极为有限。或许，这是触及钱学森之问的核心问题所在。

所以，新生命教育的意义，就在于把生命作为教育的原点，主张通过教育，让每一个人积极拓展自身生命的长宽高，不断超越自我,实现自我,成为最好的自己,从而让人类不断地走向崇高。

二、新教育视野下的生命教育

人类对生命的认识,经由不同历史阶段而一步步深化。教育对生命的认识也随之有新的发现与理解。

1. 生命教育的历史考察 ①

有关生命教育的探索最早可追溯到 20 世纪 20 年代。20 世纪伟大的教育家尼尔(A. S. Neill)1921 年在英格兰东萨佛郡创办了夏山学校(Summerhill School)。在学校创立之初,尼尔就明确提出一条原则:"基于个体生命的发展历程与特点因材施教,致力于让每个生命个体得到最自由和最充分的发展。"在这一原则的指引下,尼尔提出我们要"让学校适应学生,而不是让学生适应学校"。尼尔提出并践行了尊重学生生命发展的教育理念。这是一种作为理念的生命教育。20 世纪 20 年代,美国开始以死亡教育的形式探讨生命意义的问题。死亡教育教人面对死亡,珍惜生命,在有限的生命中,追求生命无限的价值与意义。这是作为生命教育

---

① 关于生命教育的历史考察,在冯建军主编的《生命教育教师手册》(山西教育出版社 2018 年版)一书 18~36 页已有详细介绍。

内容的一种探讨。

生命教育真正得以重视，源于现代社会发展中生命的问题与危机，尤其是面对青少年吸毒、自杀、他杀、性危机等危害生命的问题层出不穷的现象。基于此，西方发达国家普遍开始关注生命教育，并逐步开展了一系列教育研究与实践，以期唤醒青少年珍惜生命、热爱生命的意识。

1968年，美国知名作家杰·唐纳·华特士（J. Donald Walters）针对青少年无视生命的现象，首次明确提出了生命教育（Education for Life）的概念。华特士以正确的态度保持生命、追求生命的意义为旨趣，在美国加州创办了第一所生命教育学校——阿南达智慧生活学校（Ananda Living Wisdom School），倡导和践行其生命教育理论。随后，美国各地成立了若干教育与社会组织推广生命教育，出版了大量有关生命教育的书籍。1976年前后，美国已有千余所学校开设了专门的生命教育课程。20世纪末，生命教育在美国中小学已基本得到普及。目前，美国的生命教育已经形成了以"情绪教育""品格教育"和"迎向生命挑战"等为主要内容的较为完备的生命教育体系。从国内已经引进和出版的麦克劳希尔教育集团编写的《健康与幸福》教科书，我们可以大致看出美国生命教育的内容、途径和方法。

1974年，澳大利亚牧师特德·诺夫斯（Rev. Ted Noffs）提出了生命教育（life education）主张。诺夫斯在澳大利亚长期从事戒毒辅导工作，他的这一主张主要是为了有效解决青少年吸毒问题，以唤起青少年对生命的重视与热爱。1979年，他创立的特德·诺夫斯基金会（Ted Noffs Foundation）在悉尼建立了世界上第一个生命教育中心（Life Education Center，LEC），这是我们所了解的全世界第一个以生命教育命名的中心。该中心以"预防药物滥用、暴力与艾滋病"为宗旨，工作重点为预防药物滥用、暴力、艾滋病。目前已经发展成为一个国际性机构，属于联合国"非政府组织"（NGO）一员。澳大利亚生命教育的核心是通过引领性的戒毒和健康教育课程，培养中小学生能为安全、健康、幸福的生活做出最佳选择的能力。基于此，澳大利亚生命教育中心邀请众多专家学者开发了针对学前、小学、中学和家庭的一系列生命教育课程，并使之与中小学的现有课程和教学实践保持一致。

英国查尔斯王子（Prince Charles）在澳大利亚考察访问期间十分欣赏澳大利亚的生命教育，并鼓励特德·诺夫斯先生将生命教育传至英国，以解决当时英国青少年吸毒、犯罪等社会问题。在查尔斯王子的倡导和推动下，英国于1986年建立起了第一个生命教育中心，随后还建立起了反对无家可归、倡导世界人民关注生命的国际赦免、地球之友等社会组织。在这些社会机构的影响下，英国政府开始关注和推进生命教育，并出台了一系列促进生命教育的法律法规。1990年，英国政府将经济和工业的认识、健康教育、公民教育、环境教育、生涯教育等学科规定为跨领域课程。跨领域课程实质上就是生命教育课程，它的开设意味着生命教育开始受到英国政府的重视。1997年，英国国会通过文凭与课程局（Qualifications and Curriculum Authority，QCA）的设置，增订公民教育与个人、社会与健康教育为新课程，这也成为英国生命教育的主要内容。

1964年，日本学者谷口雅春鉴于当时日本社会教育功利化导致的亲子关系、师生关系恶化现象，出版了《生命的真相》一书，率先呼吁生命教育的重要性。谷口雅春特别强调心理教育在生命教育中的重要意义，认为通过心理教育可以在根本上达到发展生命和成就自我的目的。其后，日本文部省将生命教育的有关内容写入了政策性文件中。20世纪70年代，日本青少年欺侮、校园暴力等各种不良行为层出不穷，为此日本政府提出了心灵教育政策，强调培养儿童"丰富的心灵"或"丰富的人性"。1989年，日本在新教学大纲中明确提出"以尊重人的精神和对生命的敬畏之心"实施教育。近年来，日本流行的"余裕教育"也是生命教育的一种形式，它针对当下日本频繁发生的青少年自杀性事件而实施，目的在于培养青少年正确面对挫折的态度和承受压力的能力，使他们更加珍惜生命和热爱生命。

在我国，台湾是较早开展生命教育的地区。20世纪90年代，台湾地区中小学多次发生暴力与自杀事件，学生对生命的轻忽和漠视引起了台湾社会各界的广泛关注和高度重视。时任台湾地区的教育行政长官陈英豪提出必须尽快在校园内实行生命教育，让学生了解生命的可贵，并建立起正确的人生观和价值观。1997年底，台湾成立"生命教育推广中心"，颁布了中学推展生命教育实施计划，计划从1998年度开始，首先在初中开始推行生命教育，从1998年度第二学期开始，在高中及职校开始实施生命教育。1999年，台湾地区发生"9·21"大地震，造成重大人员伤亡，为使民众更加珍惜和热爱生命，台湾当局更加重视生命教育的实施。2000年设立"学校生命教育专案小组"和"生命教育推动委员会"，并规定2001年为台湾的"生命教育年"，颁布"推动生命教育中程计划"。2004年颁布普通高中生命教育类选修课程纲要，2006年列入高中选修课程。目前，生命教育已成为遍及台湾地区的新的教育门类。

在我国香港地区，1995年，民间慈善团体发起"生命教育活动计划"（the Life Education Activity Programme，LEAP），其目的在于预防青少年毒品滥用和提高其生活技能，可谓是香港生命教育的萌芽。1996年，香港天水围十八乡乡事委员会公益社中学首先在校内开展"生命教育课程"的探索与实践，标志着生命教育正式进入学校教育系统。三年后，香港"天主教教育委员会"又推出"爱与生命教育"系列。2001年，香港圣公会宗教教育中心推出"生命教育计划"，并出版了《成长列车》的生命成长教材，供小学1—6年级使用。2004年，循道卫理联合教会正式推出了"优质生命教育发展计划"。2007年，"香港生命教育基金会"成立，其主要任务是开办讲座并协助老师引导学生身心各方面协调发展，让学生正确地认识自我及生命的价值。2009年，香港中文大学成立"优质生命教育中心"，在部分地区开展"优质生命教育"活动，引发中小学校开展生命教育活动的热潮，使生命教育在全港得以迅速发展。香港以社区和中小学为阵地开展生命教育，学校、传媒和非政府机构都成为生命教育的主要力量。

在我国内地，1996年江苏省泗洪县启动了"小学生命教育研究"课题，在全国率先开展起生命教育研究。2002年，该校开展的"小学生命教育"研究项目被确立为江苏省教育科学规划办"十五"重点课题，并于2005年由江苏教育出版社出版了该校的校本教材《热爱生命——小学生命教育的实践与探索》。随后生命教育陆续得到学界与教育行政部门的关注。2004年，上海市教委颁布《中小学生命教育指导纲要》，指导中小学通过主题教育、团队活动、社会实践等渠道开展生命教育。同年，辽宁省教育厅颁布《中小学生命教育专项工作方案》，启动了生命教育实施工程。2005年，黑龙江省颁布《黑龙江省中小学生命教育指导意见》，逐渐在中小学开展生命教育，并将其纳入到中小学的思想品德课与心理健康课中。同年，湖南省颁布《湖南省中小学生命与健康教育指导纲要（试行）》，要求对中小学生进行心理健康、青春期、毒品预防、法制、安全、公共卫生、预防艾滋病、环境保护、性教育、国际理解教育等。2008年，云南省颁布《关于实施生命教育、生存教育、生活教育的决定》和《关于生命教育、生存教育、生活教育的实施意见》，要求在全省各类学校中实施生命教育、生存教育、生活教育。在教育行政部门的推动下，云南省的"三生"教育，山西省的"安全教育"，湖北省的"生命安全与健康"等课程也如火如荼地开展起来。在2009年前后，我国已有很多大、中、小学开始尝试开设生命教育类课程。2010年，《国家中长期教育改革和发展规划纲要（2010—2020年）》在"战略主题"一章中明确提出了"学会生存"和"重视生命教育"等重要理念，我国的生命教育由此获得了国家层面的认可与支持，进入了全面深入探索的全新阶段。2016年9月,《中国学生发展核心素养》向社会公布,"健康生活"被列为中国学生六大核心素养之一。健康生活,主要是指学生在认识自我、发展身心、规划人生等方面的综合表现,具体包括珍爱生命、健全人格、自我管理等基本要点,这就对生命教育的研究和实践提出了新的要求。此外,全国乃至国际性的生命教育年会、论坛、研讨会等活动也在新世纪后大力开展。国内知名学者朱小蔓、冯建军、刘铁芳、郭元祥、肖川、刘济良、冉乃彦、郑晓江、何仁富、刘慧、张文质、王定功、赵丹妮等在生命教育领域也开展了卓有成效的基础性研究。

近段时间以来,生命教育已逐渐成为教育领域的常识与共识,在相关教育领域频频成为"热词"。2021年5月教育部颁布的《未成年人学校保护规定》,2021年6月修订的《中华人民共和国未成年人保护法》,2021年9月国务院印发的《中国儿童发展纲要(2021—2030年)》,都明确提出重视和加强生命教育。2021年11月,教育部印发《生命安全与健康教育进中小学课程教材指南》,提出要坚持"生命至上,健康第一"理念,帮助学生树立正确的生命观、健康观、安全观。

可见,尽管我国推行生命教育的时间不长,但生命教育的发展非常迅速,这不仅得益于各级教育行政部门的支持,更反映了学校、家庭和社会对生命教育的需要。全社会逐渐形成一股生命教育合力,以生命为本,诠释生命意义,追问生命价值,探求教育本质,寻找教育支撑,共同推进生命教育持续发展。

2. 新生命教育的内涵

纵观国内外生命教育理论与实践的发展历程，不同阶段、不同国家甚至不同学派因为对生命教育有着不同的定位，从而有着不同的解析与实施。归纳起来，生命教育主要有如下三种主要理解和界定：

一是狭义的生命教育。主要指针对生命发展中重大问题和危机开展的教育。如自杀预防、戒毒与预防艾滋病教育、生命安全教育、灾难教育、死亡教育、伦理教育等。这些向度的生命教育，大多是针对现实生活中严重的生命问题和危机进行的，如自杀和有自杀意念、伤害他人、对异类生命的残害、吸毒、暴力、艾滋病、意外事故等。这样的生命教育多是治疗和预防性质的，是为解决生命问题而实施的治疗性的生命教育，其目的是让学生热爱生命、珍惜生命、敬畏生命。

新教育认为，狭义的生命教育是针对生命问题的特定群体而言的，具有治疗性和针对性，相对缺乏对于生命的整体观照和全员育人的理念。但由于其针对性和专注性，在生命教育方面的效果有时更为直接和显著。这就像西药治病一样，治疗具有针对性。狭义的生命教育启示我们，在现实的生命教育过程中应该尽可能突出重点，抓住主要问题和症结展开。

二是广义的生命教育。它主要是从生命的视角出发，对教育整体进行重新解读与诠释，使教育尊重生命、润泽生命、发展生命、成全生命，有学者将之称为生命化教育。它关注的重点在于

"化"的过程，主张把对生命的关注和成全融入教育的所有环节，在教育起点上直面人的生命，在教育过程中遵循生命的本性，从而在教育结果上润泽灵魂，追寻生命的意义和价值，提高生命的质量。

新教育实验认为，广义的生命教育是作为一种教育理念，使教育的所有环节内含一种生命化的思想、人文化的气息，它符合教育的人文主义思想，但在实际操作中则显得相对宽泛，具有弥散性，难以把握。但是，广义的生命教育启示我们，教育应该"时时、事事、处处、人人"尊重学生的生命，把成全生命作为教育的最高目标，强化生命教育对学校所有工作、所有课程、所有活动的积极渗透。

三是一般意义上的生命教育。它从人的完整生命发展需要出发，整体设计生命教育，使生命教育成为全人的教育。这个向度的生命教育不仅关注生命中的重大问题，教育学生认识生命、珍爱生命，还帮助他们认识生命的本质、理解生命的意义，掌握保全生命、发展生命的技能，从而帮助师生更加自觉、自主地创造生命的价值。这样的生命教育是面向每个人的发展性的生命教育，它成全每个人的生命，使之更为积极，更加出彩。很多学者是在这个向度上理解和言说生命教育的。

新教育也主张从一般意义上的生命教育来理解、研究和实践，既不将生命教育窄化为生命问题的治疗，也不将生命教育泛化为生命化教育的理念。今天，我们试图融合狭义、广义、一般意义的三种生命教育的各自特点，通过我们对生命三重属性的理解，力图在这个我们视为教育之根基的重要领域,开辟出新生命教育自己的道路。

我们这样定义新生命教育:新生命教育以"过一种幸福完整的教育生活"为核心理念,以"完整生命"为原点,围绕自然生命、社会生命和精神生命开展教育,旨在引导学生珍惜生命、热爱生活、成就人生,拓展生命的长宽高,让有限生命实现最大的价值,让每个生命成为最好的自己,让每个生命都有人生出彩的机会。

新生命教育是一种完整的生命教育,是面向每个学生的积极的、发展性的生命教育。就自然生命而言,新生命教育引导学生珍爱生命,加强锻炼,活出生命的长度。就社会生命而言,新生命教育引导学生学会交往,积极生活,融入社会,活出生命的宽度。就精神生命而言,新生命教育引导学生树立远大理想,坚定理想信念,实现自我超越,活出生命的高度。三重生命,三重教育,共同构成了新生命教育的完整体系。

3. 新生命教育的目标

人的生命由自然生命、社会生命和精神生命构成生命的长宽高,组成立体的、完整的人。根据这一认识,我们确立生命教育的三大目标:珍惜生命、热爱生活和成就人生,呼应自然生命、社会生命和精神生命发展的需要。生命的三个组成部分是密切联系、相互制约的。生命教育的三大任务,也是密切联系、相互制约的。人生就是要在热爱生命的基础上,追求生命的价值,活出生命的精彩,实现人生的价值。

(1)珍惜生命

生命健康是人类生存、发展的基本需求和永恒追求。如果一个人连生命都没有了,或者说,他的生命是不健康(包括生理健康、心理健康、社会家庭健康)的,那么,其他一切都可能是一个零,至少是缺少客观物质基础的。如若生命都没有了,还谈什么教育。生命是教育的起点。所以,教育首先要呵护人的生命,使人珍爱生命,健康地活着,而不是摧残生命,甚至使人失去生命。

珍惜生命的教育,解决一个"我为什么活"的问题,探讨生命的意义和本质。为什么要珍惜和爱护生命?生命对我们有什么意义?在生命健康时,我们可能很少思考这些问题,一旦生命出现了危机,再思考这些问题的时候,已经来不及了。生命如同一棵盘根错节的大树,自然生命是根,社会生命和精神生命是枝干。树没有了根,自然也没有了枝干。所以,要坚持"生命至上,健康第一"的理念。热爱生命,首先要爱护自然生命,不伤害自己的生命,也不伤害别人的生命、异类的生命。生命是一切的源泉,只要生命在,通过努力,就会有无限的可能。没有了生命,也就失去了生存,失去了一切。

生命之重要,还源于生命的珍贵,生命的不可逆。人的生命从孕育来说,是父母生命的结合,是父母生命体在一瞬间的结合。从数学概率来说,茫茫人海中,两个人能够成为我们的父母概率就很小了,父母生活一辈子,就在那一瞬间有了他们爱情的结晶,孕育了我们的生命体,这个概率就更小了。所以,人能够来到这个世界,真是一个非常小的概率事件。人来到这个世界,要格外珍惜这样一个来之不易的机会。这个机会不仅来之不易，而且失而不返，不可再生。当一个生命诞生时，亲人欢呼，当一个生命离开时，亲人痛苦，都是因为生命的宝贵。

正因为生命是宝贵的，我们要格外珍惜爱护生命。珍爱我们现实的生命，不伤害自己的生命，也不能伤害他人的生命。生命没有高低贵贱，每个人的生命都同样珍贵。生命教育，就是要使人认识到生命是宝贵的，要想健康发展就不能伤害生命。所以，要把尊重生命，作为认识生命的重点，开展自杀预防、暴力预防、毒品预防、艾滋病预防和生命安全方面的教育。

一个人无论怎么珍爱生命，但生命终将有结束的那一刻，这是自然的规律，人类无法阻挡。所以，珍爱生命不仅面向今天的生命，更要面向明天的生命。明天的生命不仅有自然死亡的那一天，还有疾病和灾难等生命无常的不确定性。一定意义上，我们都可以把生活的每一天当作生命的最后一天，因为生命存在着太多的不确定性。面对生命的有限性和不确定性，我们不是无奈地等待死亡的到来，而是积极过好每一天，向死而生，生命才会有动力，有紧迫感。

（2）热爱生活

生命不是静态的，而是动态发展的。生命发展的过程就是生活的过程，生命与生活是一体两面的关系。生命因生活而展现，生活因生命而充实；生命是生活的凝聚，生活是生命的展开。说生命意味着生活，说生活也意味着生命。可以说，生命教育也就是生活教育，生活是生命的沃土，生命不可能离开生活而成长。

如同陶行知先生所强调的："教育不通过生活是没有用的。"教育是生活的教育，是在生活中，通过生活，为了生活的教育。生活是生命的晴雨表，有什么样的生活就有什么样的生命状态。反之亦然，有什么样的生命状态，就有什么样的生活。一个人之所以不想活了，放弃生命，就是失去了生活的意义。相反，那些遭遇地震、矿难、疫情等自然灾难的人，之所以表现出强大的生命力，就在于对生活的热爱，对生活的期盼，这是他们活下来的最直接的动力，也激发了他们的精神生命。

生命教育要使人热爱生命，就必须使人热爱生活。热爱生活解决"我怎么活着"的问题，寻求生活的目标，立足于社会，发展生命。一个人活着首先要具有生存技能，能够生存下来。生存是生活的手段，是生活的基本要求，如果这一要求没有达到，缺少生存的本领，生命也难以为继。热爱生命的教育解决了"为什么活"的问题后，生活教育首先要解决"怎么活"的技能和本领。据统计，全国每年约有1.6万名中小学生非正常死亡，平均每天约有40多名学生死于食物中毒、溺水、交通或安全事故。但这些死亡事故中，排除不可预见的自然灾害和人力不可抗拒的重大事故外，约有80%的非正常死亡本可以通过预防措施和应急处理得到避免。为什么没有避免？其中的重要原因之一就是缺少生存的教育。近年来，频繁出现的安全事件，从小学生的校园安全，到大学生的电信诈骗，都反映出我们培养的学生生存技能、生存能力的欠缺，包括动手能力、适应能力、抗挫折能力、野外生存能力、安全防范能力和自救能力的欠缺。所以，开展生存教育，就是帮助人学习生存知识，掌握生存技能，保护生存环境，强化生存意志，把握生存规律，提高生存的适应能力、发展能力和创造能力。

人是社会关系的产物，马克思把社会关系作为人的本质。因此，处理社会关系，是人生活的极其重要的方面。"学会在一起"，是人类和个体面临的最重要的课题。人不可能是原子式的存在，而是必须与他人在一起生活，因此，如何在一起，就成为人类生活必须面对，也成为教育要教给学生的重要技能之一。联合国教科文组织在《教育：财富蕴藏其中》的报告中，把"学会共同生活"作为教育的四大支柱之一，并作为当代社会最需要关注的目标。人类社会的关系范围很广，既有个人与国家、民族、社会的关系，也有个人与个人的关系，在全球化时代，这个关系还超越了国家，走向世界。联合国教科文组织在第 41 届大会上发布了《共同重新构想我们的未来：一种新的教育社会契约》的报告，提出："教育可以视为一种社会契约——一种社会成员间为了共享的利益而合作达成的默示协议。"联合国教科文组织认为，新的教育社会契约，必须能够将人类联合起来，通过集体努力，提供所需的知识和创新，帮助我们塑造面向所有人的可持续和和平的未来，维护社会、经济和环境正义。因此，学会共同生活，就是要熟悉在开放的国际视野下与他人相处的法则；引导人认识到生命的共在性以及他人存在对于自己生命的意义和价值；学会人与人之间和谐相处，相互关心、共同合作、彼此尊重；善于沟通，同情弱小，积极面对人际冲突，树立宽容意识；尊重人与人之间的差异，发展健康的人际关系。因此，积极生活需要在生命教育中开展人际交往教育、规则教育、尊重教育、理解教育、合作教育、可持续发展教育等，掌握人与人之间交往的规则，正确处理人与人、人与自然、人与社会之间的关系。

生存和交往只是生活的手段和工具，生活的关键还在于意义，在于人对待生活的态度。面对存在着各种各样生命问题的人们，虽然他们也在生活，但他们的生活有着无奈、无趣，因此也是难以幸福的。新生命教育吸收积极心理学的成果，倡导积极、乐观的生活态度。很多时候，生活本身没有好坏，是我们对待生活的态度，使生活有积极和消极之分。其实，关键不在于我们的生活，而在于我们对待生活的态度。革命时期艰难的生活，也没有难倒革命志士，他们为了共产主义的追求，克服了千难万险取得最终胜利。可见，即便是艰难的生活，我们也能从中看到希望，看到未来，从而充满乐观和希望。在今天物质丰足的时代，一些人也体会不到幸福，因为沉溺于物质生活之中不能自拔。

积极心理学的研究倡导一种积极的生活态度，它旨在从三个层面提高人们的幸福体验：第一是有正面情绪，即有愉快的生活，帮助人们多体验正面、积极的情绪，减少负面、消极情绪的体验；第二是有投入的生活，即帮助人们全心投入他们从事的事情中，尽量体验"心理流畅"；第三是有意义的生活，即帮助人们在各种生活事件中寻找生命的意义。积极的生活态度意味着自觉管理和筹划个人生活，设定目标并着手实现它们，包括乐观、胜任感、自尊感、人际支持等。与被动反应和等待机会相反，积极心态的人们会主动出击，创造属于自己的活动和机会。积极生活要有目标追求，目标追求是人发展的不懈动力，这源于精神生命发展的需要。因此，精神生命成为生命的高度，也因此成为生命教育的内核，有学者称之为"心灵教育"。

（3）成就人生

人与动物虽然都有生命，但人的生命不同于动物，动物的生命是既定的，人的生命有很大一部分需要自己生成，人具有动物所不具有的精神生命。动物没有理想，没有追求，没有明天，没有未来，但人应该有理想，有追求，有明天，有未来。否则，人只是一个空荡荡的躯体，终日饱腹而无所事事。

精神生命是生命的高度。一个人需要活着，这个是前提，但活着就需要活出生命的意义和价值，否则，这样的一生等于浪费生命。我们不主张把自然生命与精神生命对立起来，以自然生命的牺牲衬托精神生命的伟大。但活着不能只是自然生命的存在，一个人活着，必须有所追求，活出生命的意义和价值。因此，新生命教育追求的"成就人生"解决的是"我如何活出生命的意义"的问题。

自然生命是精神生命的物质基础，但自然生命具有我们无法掌控的不确定性和脆弱性。有的人自然生命的时间不长，但并没有掩盖其生命的意义，就在于其精神生命的伟岸。精神生命是高度，不同于自然生命的长度，也不同于社会生命的宽度，而是一种精神的价值、一种精神的追求。有了这个价值与追求，人就有了发展的动力，就能够以积极的态度处理人与自然、人与社会、人与人之间的关系，成为一个幸福的人。所以，人的精神生命引导和激励着人们成就人生，活出生命的精彩。

北京大学学生心理健康教育与咨询中心副主任徐凯文曾指出，30.4%的北大新生厌恶学习，只因得了"空心病"。空心病的核心是缺乏支撑其意义感和存在感的价值观。因此觉得活着没有意义，轻者生命颓废，重者甚至会结束自己的生命。这为我们的教育敲响了警钟，提示价值观教育之于生命教育的重要性。为此，新生命教育非常重视开展理想教育、价值观教育、信仰教育等，引导师生提升我们的生命境界，期盼生命的美好，体悟生命的意义，并且能够把这种生命的关怀和热爱惠及他人、自然，从而具有人文关怀、民胞物与的胸怀以及宽广的人类情怀。因为人的发展的最高境界是实现人与类的统一，在全球化的今天建设"人类命运共同体"，更是要求如此。所以，精神生命必须超越个体的"小我"，将"小我"与"大我"统一起来，以人类情怀、全球正义和天人合一的理念，影响每个人的发展，帮助我们的师生真正成为一个具有中国灵魂、世界胸怀和民胞物与思想的世界历史中的人。

什么样的人生是值得追求的？答案有多种，幸福是一个选择，而且是很多人的选择。亚里士多德（Aristotle）说过："我们总是为了幸福本身而选择幸福，而永远不是为了别的什么东西；而荣誉、快乐、理智以及一切德性，我们选择它们既是为了它们自身也是为了我们的幸福，当想到它们的功用时，我们就很幸福。"[①]费尔巴

[①]〔古希腊〕亚里士多德著，王旭凤、陈晓旭译：《尼各马可伦理学》，中国社会科学出版社 2007 年版，第 19 页。

哈也认为:"生活和幸福原来就是一个东西。一切的追求,至少一切健全的追求都是对于幸福的追求。"①恩格斯肯定地说,追求幸福是"无须加以论证的""颠扑不破的原则"。幸福不同于快乐,快乐可能来自感官的刺激,是一种短暂的情绪,但幸福来自于重大需求的满足,是一种积极的、稳定的情感体验。人生要实现幸福,就必须有理想、有追求,并且通过不懈的努力,实现理想和追求,才能真正体会到幸福。所以,新生命教育提倡开展理想信念教育,激励学生树立远大的目标,展现生命活力,激扬生命潜能,实现幸福的人生。

---

① 〔德〕路德维希·费尔巴哈著,荣震华、李金山译:《费尔巴哈哲学著作选集》,商务印书馆 1984 年版,第 543 页。

第二章　新生命教育的价值与意义

从 20 世纪以来世界各国教育改革的趋势分析，我们大致可以看到两个重要方向：一方面，各个国家都把目光聚焦在如何更好地使教育为国家强盛贡献力量，让教育为社会服务，为国家富强服务；另一方面，各个国家也都在思考教育如何更好地为人的生命注入力量，为人的发展服务。许多教育家认为，教育的天平应该向生命发展的这端倾斜。因为，没有个体的成熟，就没有群体的丰饶；缺少一个又一个个体的生命活力，国家的强盛也只是一句空话；丧失了个体生命的道德人格发展，民族与文化的衰亡也不过弹指一挥间。

正如美国科学家赫伯特·豪普特曼所说："我们今天正在以非常危险的速度向着充满不确定性的未来而迅跑……一方面是闪电般前进的科学和技术，另一方面是冰川式融化的人类的精神态度和行为方式——如果以世纪为单位来测量的话，科学和良心之间、技术和道德行为之间的这种不平衡冲突已经到了如此地步：它们如果不以有力的手段尽快地加以解决的话，即使毁灭不了这个星球本身，也会危及整个人类的生存。"①

放眼全球，我们可以看到，无论是国外还是国内，无论学校还是家庭，无论教师还是学生，轻视生命、残害生命的极端情况屡见不鲜，消解人生意义、遮蔽生命的现象普遍存在，忽视安全健康造成的各种生命隐患如影随形。也正是在这样的背景下，世界各国普遍开始重视生命教育，把生命教育作为教育改革的重要内容，成立生命教育的机构，研发生命教育的教材，开设生命教育的课程。

一、拓展生命的长度是锻造人类生命链环的重要基础

生命的长度讲的是自然生命存续的长短。

如前所说，生命的长度是生命最重要的物质基础。蝼蚁尚且偷生，活得更长，似乎是一个不用讲的问题。2000多年前的封建帝王们就开始追寻所谓的"长生不老"秘方，中国古代道家的炼丹术等也一直非常注重养生实践。

近百年来，由于社会生产力的发展和医疗卫生条件的改善，人类的平均寿命有了很大的提高。如19世纪中叶，欧洲的平均寿命超过了40岁。到20世纪末，世界发达国家男女平均预期寿命

---

① 〔美〕保罗·库尔兹编，肖峰等译：《21世纪的人道主义》，东方出版社1998年，第2～3页。

分别达到71.1岁和78.7岁。但是，这个水平仍然不是人类的极限。根据国际标准，寿命等于成熟期的5至7倍者为长寿。按照这个说法，人的寿命应该是100至175岁。现在国民平均寿命的世界冠军是日本，日本女性的平均寿命是87.6岁。2021年12月21日，国家统计局发布《中国妇女发展纲要（2011—2020年）》终期统计监测报告，女性平均预期寿命突破80岁，虽然与日本仍有不少差距，但也反映出我国居民健康水平总体发展良好。

同时，我们也应该看到，我们的教育对生命的长度缺乏必要的关注。当今社会已是一个科技理性主宰的世界。当下教育往往注重的是学生认知能力的培养，向学生传授"何以为生"的知识和本领的训练，学生往往成为接受知识的容器，从而只见知识而不见生命。我们常常看到这样的现象，一个个鲜活的生命个体在应试的桎梏中失去了本来应该有的质态，一个个没有生命存在感、意义感的个体在教育的生活中变得虚无，有些甚至走向了生命的反面。

首先，轻忽生命、残害生命的现象层出不穷。深圳市疾控中心曾在2008年公布过一份《深圳市青少年心理问题调查》，结果显示12.1%的受试学生表示曾考虑过自杀，2.2%的学生曾采取措施试图自杀。北京大学儿童青少年卫生研究所历时3年多，对全国13个省份的约1.5万名学生作调查，于2007年公布《中学生自杀现象调查分析报告》，结果触目惊心：参加调查的中学生每5个人中就有一个曾经考虑过自杀，而为自杀做过计划的占6.5%。来自英国杂志《经济学人》统计数据表明，在全球范围，自杀已经成为15—29岁人群的第二大死亡原因。媒体关于青少年杀人的报道近几年也见诸报端,更加触目惊心。从震惊全国的马加爵事件、药家鑫事件到复旦投毒案、北大学子吴谢宇弑母案,一件件令人发指的命案伴随着一个个花样生命的凋零,带给整个社会沉痛的教训,也带给当下教育深刻的反思。如果说此类大学生直接杀人案件尚属极端和少数,不构成生命教育缺失的全部事实依据,那么随处可见的轻易残害生命、虐待生命的现象则不得不引起我们的高度关注和警醒。近几年来,校园暴力、虐待动物等各类新闻、视频屡屡占据媒体热点,其手段之残忍,理由之荒谬往往骇人听闻。对生命安保意识的缺失和安保措施的疏漏,也常常置孩子的生命于危机之中。

其次,消极生活、遮蔽生命的人群日益增多。据一项自2014年起连续在全国范围74所高校开展的大学生思想政治教育年度调查显示[①],2016—2018年,表示赞同"享乐主义"人生观的人数比例均在三成左右,分别为33.4%、33.9%、31.1%;近几年大学生明确表示赞同该消极人生观的比例已超过四成,达44.1%(2019年)、42.4%(2020年),且赞同的人数比例高出不赞同的人数比例9.5个百分点(2019年)、6.7个百分点(2020年)。对"机会主义"的消极人生观,仍有四成左右的大学生表示明确赞同,2019年该人数比例为39.8%,2020年赞同这一观点的人数比例相较于2019年高出了1.7个百分点。综合近年来的调查数据,低年龄段的大学生

[①] 李艳飞:《当代大学生人生观的现状分析与教育对策》,《思想理论教育》2021年第12期。

（20岁以下）赞同这些消极人生观的人数比例明显高于中间年龄段（21—24岁）和高年龄段（25岁之上）的学生人数比例。这些变化趋势亟待引起我们重视，所反映出来的青少年生命观问题不容忽视。

再次，生命困惑、生命障碍的问题堪忧。在17岁以下的儿童青少年中，我国至少有3000万人受到各种情绪障碍和行为问题的困扰。据估计有30%会发展为成人注意缺陷多动障碍，并且成年早期的犯罪、酒瘾、吸毒、反社会性人格障碍率是普通人群的5至10倍。

此外，生存技能、避险知识普遍缺乏。我国是自然灾害较多的国家，2008年的汶川地震造成巨大人员伤亡的事件仍历历在目，如今，蔓延全球的新冠疫情仍在威胁着我们。2021年郑州"7·20"特大暴雨，造成郑州市292人遇难；2021年5月22日，甘肃一山地马拉松赛遭遇极端天气，事故最终造成21人遇难。在这些自然灾害或突发的公共危机事件中，很多伤亡是可以有效避免的，这需要我们在防灾避险方面，加强各种求生避险、自救他救的技能的学习训练。

生命问题的出现，固然有文化的因素，有社会等各种原因，但教育对于生命的关注不够，无疑也是重要原因之一。新生命教育认为，安全与健康构成了生命长度的两翼，也是决定自然生命长度的基石。无论是缺乏安全，还是健康，都不可能有生命应有的长度。

对此，新生命教育主张，学校教育应该把关于预防、逃生、避险、救助等的安全知识与技能教给我们的孩子，让他们知道，在生活中，保全生命永远是第一位的选择，这也是世界生命教育的普遍做法。因为一个最简单的事实逻辑是：只有在生命得到保全的情况下，生命的其他意义才有延展的可能。

在拓展生命长度的问题上，新生命教育尤其强调体育。近代英国教育家洛克早就指出，健康的精神寓于健康的身体。身体是人发展的物质基础。1917年，青年毛泽东在《体育之研究》中曾经对体育做了精辟的阐释。他指出了体育"野蛮其体魄，文明其精神"的重要作用，认为"体育于吾人实占第一之位置，体强壮而后学问道德之进修勇而收效远"，主张体育的基本法则是："运动有恒"，"有注全力之道"，还论述了体育对于国家民族的价值："国力苶弱，武风不振，民族之体质，日趋轻细"，"体不坚实，则见兵而畏之，何有于命中，何有于致远？"

我国奥林匹克运动的倡导者、创建和组织"远东奥林匹克运动会"和中华全国体育协进会、最早促成中国运动员正式参与奥运会项目比赛的著名教育家张伯苓认为，体育、智育、德育"三育并进而不偏废"，甚至提出"不懂体育者，不可当校长"。这也正是从"大体育"的角度，重新看待体育。

今天，新教育人重新关注身体教育的问题，是因为在当下"身体"并没有真正进入教育的视野，"身体"远远没有得到应有的重视。我们认为，身体教育应当通过周详安排的身体活动，来实现人的全面发展。我们应该重新审视身体在教育中的意义，探讨身体教育的教育学意蕴。在此基础上，帮助学生学习身体活动的知识，获得运动技能并对之精细化，开展健身运动以达到最佳健康状况，利用学到的身体活动的知识，对体育形成正面的看法，形成一生学习和参加锻炼身体的习惯。正如齐格勒所说，"我们'从出生到坟墓'都有责任为所有人进行终身运动而努力。"[1]

事实上，体育对于一个人的意义非常重要，体育不只是身体的训练，身体是生命的基础，体育也是教育的基础，体育不仅健身，还承担着启智、润德、健美、强国等功能。在科学领域已有很多实证研究发现了体育独特的价值：

1. 体育健身

生命在于运动。身体的强壮，遵循着用进废退的生理规律。通过因地制宜、丰富多彩的运动项目和健身项目，开展适度的身体练习，能够促进身体的新陈代谢，有效强健体能，加强身体对各种环境的适应能力，促进人的生长发育，使人充满活力，在提高生命质量中，是最根本、最有效也是最简单的方法。

2. 体育启智

生命是一个整体。伴随着身体的强健，思维也将随之处于最佳状态，潜在的智慧将由此更容易得到开发和提高。对此表现最为直观的莫过于已经有许多研究证实，体育锻炼有助于提高学习成绩。英国运动医学杂志网站刊登过一篇研究报告，来自英格兰、

---

[1] 转引自〔美〕德博拉·A.韦斯特著，刘卫东等译：《体育基础：教学、锻炼和竞技》，江苏教育出版社2007年版，第8页。

苏格兰和美国的研究人员，测量了约 5000 名 11 岁儿童的体育锻炼强度。这些孩子在 11、13 和 16 岁时接受了英语、数学和科学能力的测试，其中在 11 岁时体育锻炼较多的孩子，尤其是女孩三个学科的成绩都更好。

3. 体育养德

体育课程中所凸显的"更高更快更强"的体育精神，包含着个体竞争、团队合作，通过不断的自我挑战达到最后的自我实现，在同一准则下自然而然形成对公平的追求、对顶峰的向往。体育锻炼能有效地培养学生机智、勇敢、灵活、顽强、耐劳、坚毅的品质；体育比赛能够使学生自觉遵守比赛规则，尊重对手，培养学生的规则意识和公平竞争的意识，让学生接受体面地"输"；团队比赛能够培养学生团结、协作的集体主义精神和为集体荣誉奋勇拼搏的精神。体育为培养道德品质打下良好的基础，而且直接促成行为准则的践行、道德意识的形成以及自我完善的渴望。

4. 体育强心

体育对人的影响，从生理直接影响着心理。美国学者韦斯特等总结了体育对于心理发展的 11 条益处，其中包括改善人的情绪，减缓沮丧和焦虑状态，缓解压力，帮助人们融入群体，改变工作与学习的节奏，带给人挑战和成就感，体会到艺术和创造力，提高自信心，提供"体会尖峰时刻的机会"（人完全被运动所吸引、兴奋等），改变生命的质量，等等。人的心理和生理是一个密不可分、相互促进的整体。体育中的各种运动过程可以缓解、宣泄、排遣人们的各种不良情绪，在专注的运动中对人实现潜移默化的精神熏陶，运动中产生的情境容易激发受众主动而积极的情绪反应，促进心理健康。强壮的生理就这样对心理的强大产生积极的影响，体育对促使人的和谐统一发展，产生着极大的推动力。

5. 体育健美

健与美是紧密相连的。体育活动中的体操、舞蹈、武术、田径、游泳、球类等项目，所展示出来的身体的灵活与柔韧、动作的协调性和准确性，以及优美的身姿、优雅的动作，本身就是美育的资源和审美教育。身体美是一种健康的美，而不是病态美。体育锻炼对于健康美的形成具有积极作用。

6. 体育强国

体育在身体教育意义上是一个人的事情，涉及人的全面发展。但在国家的意义上，体育也是国家的事情，表征着一个国家国民的身体素质。国民的强壮，就是国家民族的强大。习近平总书记指出，体育是综合国力和社会文明程度的重要体现，他多次强调体育强国梦与中国梦紧密相连。2017年8月27日，习近平总书记在天津会见全国群众体育先进单位、先进个人代表时指出，体育承载着国家强盛、民族振兴的梦想。体育强则中国强，国运兴则体育兴。国民的强壮，显示着一个国家的成就与实力，也将促使一个民族形成朝气蓬勃、勇于进取的文化氛围。2019年2月1日，习近平总书记在北京考察北京冬奥会、冬残奥会筹办工作时指出，发展体育事业不仅是实现中国梦的重要内容，还能为中华民族伟大复兴提供凝心聚气的强大精神力量。

所有这些，都是以生命的长度为基础。每个人的生命都是有限的，都只是人类生命链条中极其微小的一环。但人类生命正是由这样无数微小的一环又一环组成的。每一环的长短，都影响着整体。新生命教育通过对个体自然生命在安全与健康两方面的努力，希望拓展每一个人的生命长度，从而无论是从社会持续发展的角度看，还是从整个人类生命的代际角度看，用这一环又一环的点滴累积，增加人类生命链条的长度。

二、拓展生命的宽度是实现人类社会和谐的有效途径

马克思曾指出"人是一切社会关系的总和"。生命的宽度，实际上讲的是生命的社会空间关系问题，是指人与自然、人与社会、人与人之间有着和谐共生的关系。我们虽然生活在社会中，而且在知识化、信息化社会里，借助于网络，我们的认知领域、生活空间不断扩大，但我们也同时生活在一个充满矛盾和对立，存在着割裂和肢解的社会空间中。

首先，从人与知识的关系来看，在科学技术日新月异，人类创造的知识以几何级数般的速度快速增加的同时，人与知识产生

了割裂，知识在造福人类的同时也成为奴役人的力量。当今世界，专业分工越来越细化。但正是科学发展中的专业化，通常以割裂事物的整体、剥离存在的背景为代价而实现。知识成为某一个专门领域和主题的知识，知识越发展，越专门化，就越割裂，越难以互相连接。学习者需要在完整掌握知识后进一步地融合，才能建构出自己的知识体系，才能在生活中形成把握和运用这些知识的能力，才能让生命真正被这些科学的成果滋养。由此在大部分人中，人与知识之间已经形成了割裂。

20世纪80年代末之前，各个国家课程标准是以内容标准为特点，课程教材都是以学科的知识体系为统领，关注的是知识的完整性、系统性和全面性。知识成为教育至高无上的目标。随着科学知识在人们心目中地位的提升，人们似乎忘却了自身的存在，进而导致了科学知识对于人的生命存在的某种控制。美国哲学家蒂里希认为，以科学知识为代表的"控制性知识主张控制实在的每一个层面，人实际上变成了控制性认识认为他应该是的那种东西，即诸物中的一物，主导性的生产和消费机器中的一个齿轮，非人化的暴政之对象，或者标准化了的公众交流之受体。认识的非人化造成了现实的非人化"。[1]

这样的教育，在某种意义上讲已经不是在发展着每个生命，

---

[1]〔美〕P.蒂里希著，何光沪选编：《蒂里希选集》（下），上海三联书店1999年版，第1001页。

而是刻意加大了人与人之间的差异,并使那些学有所长的人,由于掌握了"控制性知识"而获得了对那些此类知识了解不多不深的人的控制权。知识由此而变成了一种控制他人的权力。在学校里,师生之间的关系变为控制与被控制;在社会上,人与人之间的关系也同样如此。由此形成的是人与人之间的割裂,因为生命的缺失,生活也随之逐渐被异化肢解:流水线加速了生产的进程,却也把活生生的人异化为整体流程中的一个零件;景观社会保障了人的舒适生活,却也破坏了人和自然之间的关系,人被隔离在钢筋水泥的笼子中,无法与自然亲密接触……

其次,从人与人的关系来看,人类社会已经进入了一个"地球村"的时代。2021年11月10日,联合国教科文组织总干事阿祖莱在《共同重新构想我们的未来:一种新的教育社会契约》报告全球发布仪式上说:"如果有什么东西将我们聚集起来的话,那就是我们当下的脆弱感和对未来的不确定感。"疫情、气候变化、环境危机、自然灾害、战争以及以数字技术为代表的颠覆性技术,都在改变着世界,给人类带来重大的影响。虽然说今天的交通和通信,使人与人的联系变得非常快捷便利,不管你在地球的任何一个角落,都可以随时联系到你需要联系的人。但奇怪的是,人与人的关系并没有变得更加和谐,人与人的交流并没有变得更加频繁,更加充分。相反,人与人的情感联系和深度沟通也更稀少了,人与人的疏离感、孤独感更强烈了,成为了熟悉的"陌生人"。

近年来，网上盛传一个故事：一位"二战"期间在纳粹集中营饱受折磨的犹太幸存者战后成为美国一所中学的校长，他每年都会给每一位新教师一封信，信中写道："亲爱的老师，我是一名纳粹集中营的幸存者，我亲眼看到了人类不应当见到的情境：毒气室由学有专长的工程师建造；儿童被学识渊博的医生毒死；幼儿被训练有素的护士杀害；妇女和婴儿被受到高中或大学教育的士兵枪杀。看到这一切，我疑惑了：教育究竟是为了什么？我的请求是：请你帮助学生成长为具有人性的人。你们的努力决不应当被用于创造学识渊博的怪物，多才多艺的变态狂，受过高等教育的屠夫。只有在使我们的孩子具有人性的情况下，读写算的能力才有其价值。"这个故事一针见血地道破了人与人之间的疏离与冷漠可能导致的后果，道破了现代教育的危机处境：当教育和生命分离，不仅生命会失去自我实现的价值，教育还会成为残暴的帮凶。

人，被誉为万物之灵。然而，两次世界大战的教训告诉我们：没有任何生物能够像人这样，不仅残害剥夺其他生物的生命，还会更为残酷地杀戮同类。如今战争虽然已经成为历史，但区域性的战争从来没有停止过，而上述的这一教育困境，已经换了一副面孔正潜伏在我们的周围。无论是"独狼式"的恐怖袭击，以孤身只影持有大规模杀伤武器行凶，还是恐怖组织、非法武装精心筹划的人间惨剧，尤其是那些忠诚于某种精神、某种信仰而向他人举起屠刀的人，这些人与事形成的原因错综复杂，但有一点十分清晰：对和谐的社会形成了巨大的破坏力和杀伤力，直接或间接地影响着我们每一个人的生命安全。

再次，从人与自然的关系来看，愈演愈烈的环境问题也使生命遭遇前所未有的威胁。联合国《世界自然宪章》指出："生命的每种形式都是独特的，不管它对人类的价值如何，都应当受到尊重。为使其他生物得到这种尊重，人类的行为必须受到道德准则的支配。"人类在世界上并不是孤立的存在，正是丰富的各类物种形成的生物链，让人类得以栖息与繁衍。

但是，如今全世界的物种正在以惊人的速度灭绝。据2015年6月的英国《卫报》报道，科学家警告说，20世纪物种灭绝的速度可达人类活动出现前的100倍，现代世界正在经历着物种的"第六次大灭绝"，而上一次类似的灭绝事件终结了恐龙时代。之所以出现这样的状况，原因是复杂的。但其中的一个原因，是人类并没有把许多生物视为生命，随心所欲地虐杀是家常便饭。日益严重的自然灾难、环境危机和疫情暴发，都在努力提醒人类，大自然不是人类奴役的对象，大自然是人类的母亲。大自然可以不需要人类，而人类需要大自然。人类与大自然必须建立生命共同体的关系，敬畏自然，善待自然，保护自然，谋求人与自然的和谐共存。

一般而言，生命的宽度主要通过养成和交往来拓展，即分别从个体自身与社会互动两个维度、两种路径来构建个体的社会生命，让个体获得社会属性，拓展生命宽度。帮助个体积极拓展社会生命的空间，是教育的重要职责。

所以，针对个体社会生命的发展需要和亟须解决的现实问题，针对人类社会面临的困境，我们试图以新生命教育，弥合知识与生命之间、人与人之间的社会裂痕，通过"生命与养成""生命与交往"这两个方面，共同构筑个体的生命宽度。

从马斯洛的需求理论而言，自觉的养成与积极的交往是满足个体生理、安全、社交、尊重和自我实现需求的重要途径。从具体实践来看，自我养成而形成的道德互认是个体交往的必然前提。否则迟早会沦为一种纯粹工具性、目的性的功利性交往，很难发展成为一种广阔的、敞开的社会关系，生命宽度就无法得到拓展。社会交往也是自我养成的通道和目的。个体的自我养成都是基于一定社会交往的，是自我需要和社会规范的统一。新生命教育通过"每月一事"的科学安排，螺旋式地培养学生的良好行为习惯；通过人际交往知识与技能的学习，帮助学生形成良好的人际关系，努力让学生做到"己所不欲勿施于人""己立立人己达达人"，做一个受人欢迎和尊敬的人。

由此，个体通过自我养成和社会交往，将有力拓展社会生命。个体拓展社会生命的过程，实质上也是个体进行社会化的过程。我们强调社会是人的社会，改变个体、重塑个体是推进社会变革的主要途径。通过新生命教育，我们致力把碎片化的知识统领融合为智识，真正实现知识、生活与生命的深刻共鸣，帮助个体拓展生命宽度，进而以生命影响生命，以生命唤醒生命，用生命推动生命，让养成和交往成为个体生命的自觉与互动，让教育生活成为社会生活不可忽视的重要组成部分。而一群成功社会化的个体之间编织出的紧密的联系，将有效保障社会的安稳和谐，如此全力助推个人的完整幸福与社会的安定和谐。

三、拓展生命的高度是构筑人类精神高地的根本手段

生命的高度，实际上讲的是生命的精神境界问题。一般来说，人的精神生命主要通过价值、信仰等予以体现。价值观和信仰的最终归依是构筑精神高地，朝向幸福完整的生活。价值观主要是指对事物的一种判断和抉择，如对职业的选择、对生命的价值取向认识等；信仰主要是指生命的归依问题，如生死观、幸福观等。价值观和信仰是个体精神生命的两个重要维度，共同决定着个体生命的高度。

当前，世界经济全球化和文化多元化的主流趋势，现代科技和信息技术的飞速发展，为不同民族、不同文化的交流与合作提供了有利条件，为人们获取信息、开阔视野、培养技能提供了宽广的平台，但随之而来的消极因素也在一定程度上，裹挟了全社会的道德观念和行为习惯，享乐主义、拜金主义、极端个人主义等在不少人中流行。这些，给青少年带来了负面的影响，导致部分学生的价值观模糊与信仰缺失，尤其是面对多元价值，不辨真假、不分美丑。当前青少年对娱乐明星的崇拜，远胜过对科学家的崇拜，更胜过对劳动人民的崇拜，甚至出现歧视劳动人民的状况。这些都反映了青少年价值观中的问题。习近平总书记指出，人民有信仰，国家有力量，民族有希望。理想信念是精神上的钙，没有理想信念，精神上就会缺钙，就会得软骨病。人民的信仰来自于青少年从小的信仰教育和价值观教育。

的确，物质文明高度发展并没有相应带来精神文明的蓬勃兴盛，人们的精神生命不仅没有强壮，反而显得孱弱。面对个体生命表现出的价值取向扭曲、道德理性缺失、社会责任感淡薄等一系列问题，人类社会因价值信仰迷失导致的困境与危机，教育正在为生命寻找成长的突破口，为人类寻找未来的出路。新教育实验也不例外。

2006年，新教育实验明确把"过一种幸福完整的教育生活"作为自己的价值追求。其实，这也是新生命教育的重要理念。在英文中，生命与生活是同一个词：life。事实上，生命与生活也的确是一体两面。生活的不同侧面，分别呈现出生命的各个层面，同时生活也为生命提供成长的养分。生命集中体现出完整的生活，同时生命所做出的抉择也深刻地改变着生活。

追求幸福是人类作为一个族类总体的终极目标，正是这一终极目标，激发出人类改造世界的无限激情，牵引着人类社会从低级到高级的进化与发展。亚里士多德说过，人的一切行为和最终追求的终极目的就是幸福："幸福很明显是终极和自足的，是其他一切现存事物和可能事物的目的。"[1]指导和帮助学生在日常的学习生活中体验和追求幸福，应该是教育的重要追寻。苏联教育家苏霍姆林斯基说："教育学方面真正的人道主义精神，就在于去珍惜孩

---

[1]〔古希腊〕亚里士多德著，王旭凤、陈晓旭译：《尼各马可伦理学》，中国社会科学出版社2007年版，第21页。

子有权享受的欢乐和幸福。"[1]基于这样的理解，新生命教育致力于展现生命活力，挖掘生命潜力，实现幸福人生。

　　生命幸福既是结果也是过程。价值观与信仰是真正的幸福的前提。幸福以生命为载体，对幸福概念的理解必须回归到人、人的生命和人的生活中。生命的有限性，要求人们不仅要把幸福作为生命的终极目的，而且要使幸福贯穿到生活的全过程中。人不仅要追求幸福的生活，更要在生活中体验幸福。因此，新生命教育引导师生认识生命的意义和价值，培养独立之人格、自由之精神；帮助师生合理规划人生，具有远大的理想和追求；激发师生的生命潜能，让他们学会直面生死，超越死亡，追求生命的崇高与伟大，最终教育师生能够超越"小我"，关心国家、社会和人类，具有中国灵魂与世界胸怀。

　　而所有的这一切，有一个中枢，那就是"职业"。卢梭曾经说过，选择职业是人生大事，因为职业决定了一个人的未来。[2]这是一个选择的时代。新生命教育特别重视职业生涯教育，主张要帮助学生认识社会中的不同行业分工，了解不同行业的工作内容、职责与性质，帮助学生熟悉和规划未来职业，确立正确的职业价值观，培养决策和发展能力，使学生认识和寻找适合自身生命发展所需要的职业，进而实现个体人生与职业的匹配和生命价值的

---

[1] 〔苏〕B. A. 苏霍姆林斯基著，蔡汀译：《怎样培养真正的人》，教育科学出版社1992年版，第5～6页。
[2] 转引自江文富主编：《生命文化教育导论》，高等教育出版社2013年版，第122页。

最大化。新生命教育引导这样的境界：生命在职业活动中的目标不仅是为了获得物质的利益，同时在于促进社会发展；不仅是为了满足个人暂时的兴趣偏好，同时在于实现生命的长远理想；生命所选择的职业分工可以有所不同，但生命个体在价值、尊严和精神上是同等的。

以"幸福的人生"为主要指向的新生命教育，将融合人生观、价值观教育，建构师生的人生职业理想与人生信仰，以此来拓展"生命的高度"。

为了实现这一目标，新生命教育特别重视共读共写共同生活对于师生精神世界的构建，主张努力通过共同阅读经典书籍，不断与人类的崇高精神对话，并在这对话中共建共同的语言密码、文化生活、精神家园，从而不断自我超越。

所以，无论是在一所学校，还是一间教室里，新生命教育的过程就是培养真正的人，使师生不断走向崇高。这个过程对于教师而言，首先意味着要拓展自身的三重生命，从长度上积极于健康的维护，从宽度上倾力于视野心胸的扩展，更重要的是从高度上重拾生命的意义。当一位教师不再把工作仅仅视为谋生的手段，就不会把自己视为学生的对立面，就能以教育之经、生活之纬，以自我之经、学生之纬，编织出生命的锦绣，在教学生涯中自我成长，体会到教师的尊严，获得教学生活的幸福。

对于学生而言，新生命教育不仅意味着打牢地基，拥有一个健美的身体，也意味着被各种学科分散的知识，通过教师生命的诠释，通过自我生命的体悟与发挥，将其融合起来，成为不可分割的完整智识。当学生能够在学中用、用中学时,学习生涯就不再是一潭死水,知识就能够像泉水一样汩汩流淌,不断浸润心田,从而体会到学习的愉悦,获得求学生活的幸福,最终赢得幸福完整的人生。

无论教师还是学生、大人还是孩子,只有充分感受到这样的幸福感,创造出存在的价值,才会真正热爱生活,才会产生真正的孜孜不倦梦寐以求的探索和追寻,才会出现生命的不断自我超越。

新教育实验所推行的"过一种幸福完整的教育生活",其本质正是通过教育的积极引导,激发生活的活力,指向人生的幸福完整,从而实现生命的完整幸福。在这一过程中,新生命教育至关重要。只有通过对三重生命的同时关注,教育才可能完整;只有通过对三重生命的共同提升,人生才可能真正幸福;只有在这样的基础上,生活才能被重新整合为一个有价值的整体;也只有通过这样的生活,人生才能从有限的存在中实现无限的超越。

在此境况下,我们才能深刻意识到:人因为教育而成为人,人更因为教育而走向崇高。知识的传播固然可以通过科学技术的进步日新月异,但人格的培养、价值感和意义感的形成,却只能在人与人之间的交往中才可能进行。也是在这个本质层面上,雅斯贝尔斯才说出"教育是人与人的精神相契合"、"是人对人的主体间的灵肉交流活动"、"是人的灵魂的教育"[1],教育即我与你的对

---

[1] 〔德〕雅斯贝尔斯著,邹进译:《什么是教育》,生活·读书·新知三联书店1991年版,第2～4页。

话与敞亮。

因此,新生命教育和广义的生命教育不同,它注重具体可行的操作,是对教育之空中楼阁部分打下的坚实地基;新生命教育和狭义的生命教育也不同,它是对人的生命的完整关爱。

——没有自然生命的前提存在,其他一切都是泡影。

——没有社会生命的彼此滋养,人和人都是彼此分散的孤岛,任凭时光的潮水拍打,最终烟消云散。

——没有精神生命的卓然屹立,一代又一代人也只是一艘又一艘满载希望出发的船舶,将失去灯塔的引领,只能在茫茫海面上无助地打转,不仅容易遭遇暗礁沉没,甚至在碰撞中可能成为彼此的暗礁。

我们认为:只有把生命视为教育之基,不仅从教育哲学上去认可,还要从教育技法上落实,人类才可能将生命存在的意义与科学的日益精进真正相连,科学才会成为人类前进的动力,而不是阻力。

是的,新生命教育关注的不仅是每个鲜活的生命,是师生书写自己的生命传奇,而且关注着民族的未来与人类的前景。有人曾经问过我们,新教育的彼岸是什么?我们的答案是:那应该是一群又一群长大的孩子,在他们身上我们清晰地看到,政治是有理想的,财富是有汗水的,科学是有人性的,享乐是有道德的。

同样,今天我们可以说,为所有人拓展生命的长宽高,让所有的生命和谐共生,让人类的生命境界不断地走向崇高,是新教育人的梦想。

第三章　新生命教育的理念建构

新生命教育如何开展？在学校教育中是否有必要开设专门的生命教育课程？生命教育课程与现有体育、心理健康、生物、道德与法治等课程的关系是什么？生命教育的活动与体验课程如何开设？如何通过绘本课、阅读课、电影课、生命叙事课等课程开展生命教育？这些都是我们必须认真研究并且系统解决的问题。

一、新生命教育的理念

新生命教育以"过一种幸福完整的教育生活"为基本理念，以生命为原点，以生活为根本，引导学生学会过一种幸福完满的生活。在新教育的基本理念下，新生命教育追寻以下基本理念：

1. 以完整的生命为基点，促进生命的全面而个性化的发展

生命教育不是一个新的内容，20世纪中后期西方国家的生命教育，都是因为青少年生命发展中的问题而起，或者因为吸毒，

或者因为艾滋病，或者因为自杀、残害他人生命，生命教育旨在治疗生命中的问题，而且生命教育局限于自然生命的健康与安全。我国台湾的生命教育，与西方国家稍有不同，它主要针对的是物质富裕时代而出现的人的精神失落，乃至于伦理的沦丧，因此，生命教育与伦理教育相结合，开创了生命教育的伦理取向。生命教育除了健康取向、伦理取向，还有公民取向、宗教取向等。这些取向虽然所指不同，但都是指向生命的某一个方面的缺失，生命教育针对生命发展中的问题，是一种治疗性生命教育，有点"亡羊补牢"的味道。如果一个人生命发展中没有这些问题，就没有必要接受生命教育，就像心理有问题去咨询，心理没有问题的人，不会去接受心理咨询一样。新生命教育不同于传统的治疗性生命教育，把生命教育视野拓展到每个健全的生命个体。新生命教育是以健全的生命为原点，促进生命发展的全人教育。

新生命教育是完整生命的原点，从自然生命、社会生命和精神生命的发展需要出发，致力于生命的统整与和谐发展，呵护自然生命，完善社会生命，滋养精神生命，实现生命全面和谐的发展。因此，新生命教育是一种全人的生命教育，也是一种个性化的生命教育。

现实中的人，生命是全面的，既有身体的自然生命，也有人与人之间交往的社会生命，还有人的理想追求的精神生命。生命本身是全面的、立体的，我们的教育不能是单方面，只对某个方面的教育。无论是三重生命，还是身体、理智与情感，还是今天我们所说的德智体美劳，都是追求人的全面发展。只有全面的教育，才能有和谐的、完整的发展。目前的学校教育过分重视智育，忽视了身体其他领域的发展，今天的"双减"就是要为生命的全面发展创造机会和条件。我们减掉了校内课业学习和校外学科培训的负担，把节余出来的时间用在体育、美育、社会实践和亲子交往中，促进学生身心的和谐发展。

对于每个人来说，生命是全面的，但全面的生命不是完全一样的，而是各具特色，显示出独特的个性。每个人的生命都属于他自己，而且唯一地属于他自己，不仅自己是生命的主人，而且生命带有个体独特的印记。新生命教育不是因为全面而使每个人都一样，而是尊重每个人生命的独特，使他成为他自己。教育不是把所有人拉平，而是建立在个人潜能和个性发展的基础上，使他成为自己，成为最好的自己。

2. 以尊重生命为根本，重视教育过程的自由与幸福

长期以来，我们对于教育中的爱特别关注。没有爱，就没有教育。教育家夏丏尊说过，教育没有爱，就像池塘里没有水。其实，真正的爱里本应该包含尊重。但现实生活中，我们往往以爱为名，行干预之实，甚至对生命的成长进行控制。因此我们特别强调尊重的根本性。如果说教育没有爱，就像池塘没有水，那么如果没有尊重，就等于没有池塘。

爱是喜欢可爱的部分，包容不可爱的部分。所谓包容，是一个人内心已经存有是非对错的判断后，在己对人错的情形下，对自我的道德升华。

对于生命来说，爱当然重要，但是如果没有对生命的尊重，爱就没有了方向，就是没有智慧的爱，就可能是溺爱。

尊重则不同。因为生命无时无刻不在发展之中，因此，对生命的尊重，是对一个人未知潜力的尊重、对一个人未来可能的尊重。尊重是对不同甚至相反意见的认可，是对自我的挑战，是对差异化、多样化、复杂化的敬畏。尊重是从"己所不欲勿施于人"到"己所欲，亦勿施于人"的飞跃。

只有尊重，才能产生敬畏。教师尊重生命，则能敬畏生命、敬畏童心，从而对自身积极进取、对学生真正平等相待。学生尊重生命，才可能真正自省与尊师，从而主动汲取教育的养分，最快成长。这种基于平等之上的尊重，是所有生命和谐共存的根本。

尤其需要注意的是：在新生命教育中有着丰富的关于身体健康的内容，这意味着食堂、宿舍、医务室、保卫处等的工作人员，都是生命教育的实施者之一，而这些场所也同样是开展新生命课程的重要组成部分。如果没有尊重为底色，我们将无法想象这样的新生命教育该如何开展。

同时，新生命教育重视过程。新生命教育追求幸福的教育生活，但幸福的教育生活不只是结果，过程本身就应该体现幸福。过程的幸福完整本身就是一种结局，而通常意义上结局的幸福完整，是每一段过程中的幸福完整的体现和累积。幸福是人类的终极追求，因此在新生命教育的进行中，我们会更加强调自主性和个体的自我感受，要指导、帮助教育中的每个人去追求幸福，追求幸福的过程也即获得幸福的过程。过程本身就是结果，没有过程的幸福也不会有结果的幸福。

3. 以身心舒展为前提，吻合生命节律，凸显个性发展

我们每个人都有体会：一个人无论是身体还是内心，在紧张恐惧时，都会呈现出紧缩的状态，而在肆无忌惮时，又容易呈现出放纵不羁的状态。显然，这两者都不是理想的生命状态。这里我们用"舒展"一词描述我们认为理想中的生命状态。这是指经过引导后，生命个体能够在自由与纪律之间、在动与静之间找到平衡状态，收放自如，自由自在。

生命的舒展，既不同于对生命的压抑，也不同于生命的自然呈现。压抑固然不利于发挥生命的潜能，纯粹的自然呈现也容易让生命放任自流，是对教育的放弃。新生命教育遵循舒展的原则，就是让每个生命通过一定打磨，展示出自己独特的美好，最大限度地发挥个性，成长为最好的自己，从而避免一个生命对另一个生命，尤其是一个通常意义上优秀的个体对一般个体的压制甚至控制。

同时，犹如一年有春夏秋冬四季，一天有早晨、中午、傍晚一样，新生命教育应该遵循相应的节律。这种节律对教学的内容而言，是不同学科的科学组合，是吻合认知规律的循序渐进；对教学的方式而言，是符合学习心理的疏密得当；对学生的每一天而言，是身体和精神在动与静、张与弛上的错落有致。新生命教育特别重视身体教育，新教育特别重视艺术教育，都是基于这样的认识。

这种吻合生命节律的舒展，就像不同种类的花朵有着不同的盛开期一样，能够让生命在成长的过程中日益按照自己的节奏盛放，这时辅以合适的教育，如同浇水、施肥，就会真正培育出有个性的人。

二、新生命教育的原则

新生命教育以幸福完整的生活为价值追求，遵从生命的完整性，以促进生命的发展为使命。新生命教育是育人的教育，是德智体美劳全面发展在生命层面的集中体现。遵循育人的规律，考虑生命本身的特点，新生命教育强调以下原则：

1. 以生活为基础的生活性原则

前面我们已经表明了生命与生活之间的关系，恰如梁漱溟所说："生命与生活在我说，实际上是纯然一回事。一为表体，一为表用而已，'生'与'活'二字，意义相同。生即活，活亦即生。……生命是什么，就是活的延续。"[1] 我们在生活中，我们也在生活。这是两个不同的表达，"我们在生活中"，这里的"生活"是一个名词，生活已在，生活塑造着我们，我们要学会适应生活。

---

[1] 梁漱溟著，马秋帆编：《梁漱溟教育论著选》，人民教育出版社1994年版，第263页。

"我们也在生活",这里的"生活"是一个动词,是指我们要创造性地生活。生活不是他人的,生活是自己创造的。我们在生活中生活,就是在既有的生活中创造新的生活,不断创造新的生活,就是生命的不断超越与发展。我们在生活中创造新的生活,就是为了追求一种更好、更幸福的生活。基于此,可以在三个层面理解生命与生活的关系:第一,在生活中;第二,过一种生活,第三,为了更好的生活。

第一,新生命教育强调在生活中进行。每个人都生活在现实之中,现实生活是人生命存在的根基,也是生命教育的根基。生命教育不是知识教育,知识教育脱离生活,没有生命气息,缺少生活的意义。生命教育是人的教育,生命教育不只在于掌握生命的知识、生存的技能,更在于培育生命的情感,体会生命的意义和价值。新生命教育对于情感、态度、价值观的强调大于知识、技能,新生命教育不是知识教育,而是以知识为载体,将知识融入生活中的教育。生活性原则,使生命教育直面生活,生命教育的内容取自于生活,源于生活,也回到生活中。新生命教育主张围绕着不同年龄阶段儿童生命发展的需要,选取他们生活的内容,以我的生活、我与他人、与家庭、与社会的生活选择和组织教育内容,彰显教育的生活化逻辑。

第二,新生命教育强调通过生活进行。严格来说,生活都是人的创造,因此,不存在先于我的生活,所有的生活都是寓于我之中,是我创造的、属于我的生活。所以,在生活中,也就是过一种生活。生活是一个动词。杜威反对斯宾塞的"为完满生活做准备",他把现实的生活也看作生活,不能牺牲现实生活而追求未来生活。对于生活来说,现实与未来是无缝衔接的。所以,杜威提出教育即生活,教育过程是生活的过程,就是要过一种生活。新生命教育在生活中进行,不是对学生灌输生活之事,而是引导学生过一种生活,这种生活在新生命教育视野中是一种幸福的生活。新生命教育倡导学生过一种幸福完整的教育生活。在生活中成长,在生活中发展生命。

第三,新生命教育是追求和创造更好的生活。生活具有现实和未来,现实的生活是当下的生活,未来的生活是可能的新生活。人生活在当下,但不满足于当下,因此要超越当下,向着一种新的生活进发。生活的目的是更好的生活。从当下生活出发,朝向更加美好的生活,这个过程就是生命的超越。超越性是人的生命的本性,也是人生命发展的动力之源。新生命教育重视提升生命的高度,就是要激发生命的超越性,引导人们树立远大的理想和抱负,使之朝着更高、更好的方向发展,不断地追求完美。只有不断地追求,生命才会不断地发展。

新生命教育使生命生活在现实中,使生命着地,为生命找到一个根基。但生命成长的过程是生活的过程,生活就是从当下走向未来,不断超越已有的生活,这既是生活的过程,也是追求新生命的过程。因此,在生活中,通过生活和为了生活是一体的。

2. 基于实践活动的体验性原则

生命是完整的,是知、情、意、行的统一体。生命教育不仅要使学生掌握生命知识、生存的技能，还需要学生理解生命，热爱生命，活出生命的意义和价值。因此，生命教育的实施必须兼顾知识、技能的学习和情感、态度、价值观的学习。知识的学习需要对学生进行生命知识的教育和生存技能的教育。情感、态度、价值观的学习需要使学生具有生命的体验。而这一切都离不开实践活动，通过设计生命实践活动，让学生"在玩中学、在做中学、在悟中学、在分享中学"。在实践中认知生命、体验生命、感悟生命、践行生命价值，才可能实现对生命的升华。因此，生命教育既要对学生进行知识的传授，又要引导学生贴近生活、体验生活，在生活实践中融知、情、意、行为一体，使学生丰富人生经历，获得生命体验，拥有健康人生。

新生命教育不同于生命安全教育，生命安全教育是掌握生命安全的知识和生存技能，即便是生存技能也需要通过活动和实践练习。新生命教育更强调生命意识、生命观念、生命意志，这些情感、态度、价值观就不是通过知识教学能够学会的，也不是简单的实践训练能达成的，而是要进行基于一定真实生活情境的实践体验。体验伴随活动产生，但有活动并不必然有体验，有的活动是简单的、机械重复的。体验活动是基于生活情境的复杂性活动，活动中体验，体验不只是情感，也伴随着理性的思考和选择。生命情感、态度和价值观都不是盲目的，都是理性思考的产物。盲目的冲动不是情感，充其量是一种情绪，是不能长久的。热爱生命，珍惜生命，对别人生命的尊重、宽容等，靠讲道理是难以有深刻的体会的，我们可以通过有意识设置一些情境，引导学生在其中体会生命的意义，思考生命的价值。生命教育以情感为核心，应该是能够感动人、触及人的心灵的教育，这就必须诉诸体验。

3. 尊重和关怀生命的人文性原则

生命教育不只是一种结果的教育，还是一种过程的教育。要实现生命教育的结果，必须在生命教育过程中，遵循生命发展的规律，尊重生命、关怀生命，以生命影响生命，最终才能实现生命教育的结果。生命教育绝不能以压制、摧残生命的方式实施。

生命已经存在，教育如何对待生命，自然有不同的态度。《中庸》开宗明义："天命之谓性，率性之谓道，修道之谓教。"教育循道，就是要尊重生命的本性。尊重生命本性，包括尊重生命的本能，满足生命发展的需求。生命是一个自组织，它有发展的动力，外在的压制有时会破坏生命发展的内在动力。夸美纽斯指出："我们不必从外面去拿什么东西给一个人，我们只有他的原有的、藏在身内的东西显露出来，并去注意每个个别的因素就够了。"[1]夸美纽斯提倡自然教育，这一点应该成为生命教育的首要原则。生命的自然性，是生命的首要特性。生命教育必须遵循生命的自然发展，违背生命自然发展的规律、特征，是对生命的破坏和摧残。

生命是自然的，但人的生命不只是自在的本能流露，而是有

---

[1] 〔捷〕夸美纽斯著，傅任敢译：《大教学论》，人民教育出版社1984年版，第30页。

意识地不断超越、不断发展。所以，人的生命具有内在的、自主的发展动力。生命是自主的，生命教育要避免强制、压制生命，而是要为生命的自主成长创造良好的条件，放手让生命自主成长。尊重生命也就要顺从生命发展的要求，而不是以爱的名义阻止生命成长。温室的环境不一定利于生命的成长，大风大浪反而能锻炼生命，生命会更加灿烂。因此，要相信每一个生命体，相信他们的潜能，让他们自主发展。

生命教育是生命影响生命，教师怎样对待学生，直接关系到学生的生命发展。生命教育的过程不是主客二元的对立，而是主体间的平等的交流，这就是雅斯贝尔斯所说的"人对人的主体间灵肉交流的活动"。[①] 灵肉交流充满着感情，充满着温暖。生命教育是一种有温度的教育，是爱的教育。没有爱就没有教育，没有爱的教育，更不是生命教育。所以，生命教育是以爱的方式影响生命。生命只有在自由和爱的滋润下，才能健康成长。

4. 家校社合作共育原则

新生命教育提出让每个生命成为最好的自己，这里的每个，不仅指向学生，同时包括教师，乃至父母。在教育过程中，教师与学生、父母与孩子的本质是互相依赖的生命，是共同成长的伙伴。教师、学生、父母，三方所形成的关系不是对立而是统一：

[①] 〔德〕雅斯贝尔斯著，邹进译：《什么是教育》，生活·读书·新知三联书店1991年版，第3页。

没有孩子的诞生，父母不是父母，只是普通的男女青年；没有教师的出现，孩子只是孩子，不是学生；没有学生的存在，教师也就不会存在。这样在教育中彼此依存的三方，是一个生命共同体。是三方平等的协力，生命之间才能出现积极的碰撞、有效的交流、相互的促进，共同朝着让每个生命成为最好的自己这一目标前行。因此，教师和父母一方面要积极学习，努力成为最好的自己，成为最好的教师、最好的父母，从而开展最好的新生命教育。但另一方面，人无完人，最好永远在明天，永远不存在一个最好的自己，因此教师和父母能够与孩子彼此尊重、平等相待、互相激发、共同成长，就已经是最好的教育者了。

不仅孩子、教师、父母，从更大的视野来看，世界上每个人都是独特的，但又是人类整个命运共同体的一员。脱离整体，只观察个体生命的成长，就像我们眼中只有一棵树，而忽略了整片森林。人类这个命运共同体，不仅指的是在今天这个所谓全球化的时代，面对共同的生存困境而不得不如此看待，还是人类自古以来，就像源源不断的河流一样，从来就是一个"大生命"。我们每个人，包括我们的孩子，都是这条生命河流中的一滴水。

因此，教育生活中一旦形成这样教师、学生、父母的生命共同体，家校合作也就变得顺理成章。所有教育中的家校双方合作，都会起到1+1>2的良好作用。在新生命教育中，家校合作共育这一点则是画龙点睛之笔。生命是完整的，新生命教育因此更是必须在教育过程中实现完整，才能最大意义上体现出效用。因此，和新教育的其他课程相比，所有的新生命课程都更有必要赢得学生父母的支持，都应该在校内和家庭中同时开展、形成互补；要充分整合和利用学校、家庭、社会的教育资源，发挥学校教育优势的同时，协调家庭、社会的力量，形成教育合力。不仅如此，我们还可以借助于"新父母学校""家校合作委员会"等项目，将新生命教育的开展场所扩展到家庭之中，创设更多适合于家庭开展的新生命课程。

当然，社会系统作为学校和家庭的外围场域，其内部的政治经济制度、文化特质、社会风气等都直接影响着个体的发展方向和受教方式。生命教育要遵循学校、家庭与社会相结合的原则，在学校课程教学、综合实践活动等方面落实生命教育的同时，还要通过家庭、学校、社区活动等多种途径，积极引导家庭和社会培养学生健康的生活习惯、与人和睦相处的技能和积极的生活态度，形成生命教育的合力。所以，生命教育既要发挥学校教育的积极引导作用，又要积极开发、利用家庭和社会的教育资源。

第四章　新生命教育的渗透课程

作为新教育课程体系的基础课程，新生命教育是所有年龄阶段都必须学习的重要内容。但不同年龄阶段的学生，有着不同的发展需要。在具体学习中，要依据不同年龄段学生身心发展基本规律，选择贴近青少年生活实际和当下成长所需的内容与形式，进行科学、系统的组织，形成相互联系、循序渐进的新教育课程子系统。

早在2004年，我们曾经提出过"新六大行动"（新父母教育、新公民教育、新生命教育、新职业教育、新教师教育、新农村教育），已经将"新生命教育"纳入研究领域，并且提出了新生命教育的五个维度和三级目标。同年，我们和中国宋庆龄基金会合办了全国首届中华青少年生命教育教师高级研修班。课题组成员袁卫星、许新海、陈国安等人当时陆续编写出版了《生命课》《生命教育》《生命与安全》《班会18课》等教材与读本，供部分学校部分教师使用。十年来，在新生命教育的探索上，我们一直没有止步。在学校尚未开有专设课程的情况下，新教育人通过各种方式，尤其是通过各种课程积极探索新生命教育的实践。

很多课程都进行着新生命教育的探索。如活动课程的体育课程、晨诵午读暮省课程、电影课程、班会课程等，如主题课程的每月一事课程、生日课程、生死课程、生命叙事课程，以及其他学科的渗透课程等。

专设课程和渗透课程各有优缺点，专设课程在于集中、有针对性，渗透课程在于弥散、广博。即便我们倡导开展生命教育的专设课程，新生命教育也不仅仅在专设课程中开展，而应该是专设课程和渗透课程的有机结合，共同推进。

这里，我们对已开展的新生命教育的渗透课程介绍如下。

一、新体育课程

体育，顾名思义应该是对身体的教育。但现实生活中，身体教育也同样受到应试的功利化戕害，演变为对身体的简单训练，而丧失了体育的丰富内涵，体育的意义远远没有被我们所认识。针对体育在教育改革中经常被边缘化的情况，美国卡耐基委员会的一份报告（《高中》）指出："没有比健康知识更重要的知识。没有它，就不能成功地实现人生中的任何目标。"该委员会推荐所有学生都要修一门健身课，认为学校在促进国家健康的过程中扮演了重要角色。

身体教育的片面化、机械化，导致了生命教育的窄化、矮化和异化。我们认为，真正意义上的体育，应该是"根据人体适应与变化的自然规律，有意识地用人体自身的运动来增强体质，促进身心健康的科学方法，是社会的一种文化教育活动"。正如我国著名的体育教育家、清华大学教授马约翰先生说的："体育是培养健全人格的最好工具。"体育是以身体教育为载体，但身体不只是肉体，身体是社会性、精神性的载体。斯宾塞指出，身体是心智的基础。洛克也指出，健康的精神寓于健康的身体。所以，体育不只是关系体质的发展、身体的健康，还关系到社会性的发展和精神的发育，体育可以益智、促德、健美，体育是全面发展教育的物质根基，是生命教育的根基。

因此，我们所倡导的"新体育"，不是某一种或几种简单的运动方式，而是在充分尊重人的个性特质的前提下，以健康、健壮、健美为三级目标，以身心统一发展为指向，将特质充分发扬为特色的运动课程，是对身体的完整教育。

我们把身体分为健康、健壮、健美三个阶段：健康是指身体无病痛地正常运转；健壮是指身体达到同一年龄的指标上限；健美是指身体能够外在呈现出所拥有的体育精神。正如《论语》中整整一章记录的孔子身体的礼仪与美一样，美妙的姿态应被诠释为精神的外化。

"新体育"作为对身体本质的回归，是一种对现行体育的超越，也是一种对狭义生命教育的突破。狭义生命教育中关注的问题，虽然都是重大问题，但都具有突发性和特殊性，不是人们生活中普遍遭遇的。新生命教育通过新体育的开展，将狭义生命教育所关注的身体生命问题扩展为日常生活中普遍面对的问题，通过关注日常生活中的生命、针对普遍问题进行解决的过程，实现确保狭义生命教育的深与透，又能起到更为广泛的促进身体发展、展现生命美的作用。

所以，我们提出并努力探索新体育课程，呼吁一场"身体的革命"。如何在新教育学校开展"新体育"？我们有这样几点主张与建议：

一是保证每天运动一小时。所有的新教育实验学校，都要保证孩子每天都有一个小时左右的体育运动。生命的运动机制研究表明：一个小时的运动，是确保学生身心正常发展的最下限，事实上，如果情况允许，还可以适当延长运动的时间。

二是强调身体的舒展、对自我的挑战与提升，淡化竞技。人的力量、速度、韧性、耐力等，需要一定的训练才能形成与强化，但实现这些的一个前提，是每个人在自身已有基础上，对自己的突破。一旦过于强调竞争，以其他个体为参照系，就容易走向反面，反而无法达到最高水准，甚至摧残身体。

三是注重体育精神的熏陶与体育文化的提升。新体育课程的实施过程中，要特别重视意志的培养、人格的历练，特别强调相关文化的渗透和濡染，让学生从一项运动中窥一斑而见全豹，让强健的体魄同时造就强大的心魂。

四是注意个性，突出特色，提倡综合渗透。运动是多样的，人的喜好也是多样的。运动应该考虑个体差异，尊重学生的自主选择。那种让所有学生全部踢足球或者打乒乓球的做法，显然违背人的身心发展规律。只有尊重个性的特质，在学生的兴趣爱好之上进一步强化，才可能发挥出每个生命所具有的特长。为此，我们特别主张各种运动与其他课程融合，开发具有渗透性的综合体育课程，如运动与晨诵、运动与音乐、运动与阅读等等相融合，让知识更有生命的活力，让生命更富于文化的韵致。这些都将把新体育课程推向新的高度。

许多新教育实验学校已经在新体育方面做出了可贵的探索。以海门市东洲小学、三厂小学等为代表的一些学校，主张"让运动成为我们的生活方式，让健康身体成为我们的人生追求"，以"三全一自主"（即教师、学生、家长的"全参与"；晨练、大课间、体育课、社团课、节假日的"全天候"；学校、家庭、社区的"全方位"；因人而异，选择适合自己爱好特长的运动项目的"自主性"）为特点，向师生提出了"一二三"要求（即坚持一项运动，热爱两项运动，熟练三项运动），旨在强健师生体魄，凝聚团结力量，激发生命潜能，成就幸福人生；真正做到了"让身体承载梦想，让运动张扬生命，让阳光洒满跑道，让健康点亮人生"。

正是这样，新生命教育通过新体育，通过这样幸福的运动过程，健全人的身体，纾解人的消极情绪，激发人的主动意识，强化人的积极心理，从而实现"体育的革命"，拓展体育的外延，丰富体育的内涵，使生命更好地存在与发展。

二、每月一事课程

我国伟大的教育家叶圣陶先生说："教育是什么？往简单方面说，只是一句话，就是要养成良好习惯。"新教育实验倡导的十大行动之一——"每月一事"项目，就是通过习惯养成的途径来有效实施生命教育。其特色主要体现在：确定人生最重要的12个习惯作为教育主题，从一件小事展开，通过广泛的主题阅读、主题实践、主题研究、主题随笔、主题展示、成果评价等形式，将生命教育贯穿其中。

我们初步确定的12个主题是：1月，学会吃饭——节约的主题；2月，学会走路——规则的主题；3月，让我们种棵树——公益的主题；4月，让我们去踏青——自然的主题；5月，学会扫地——劳动的主题；6月，学会唱歌——艺术的主题；7月，学会玩球——健身的主题；8月，学会微笑——交往的主题；9月，学会阅读——求知的主题；10月，写封家书——感恩的主题；11月，学会演说——自信的主题；12月，坚持日记——自省的主题。

活动是生命发展的载体。这些主题活动包括实践活动、体验活动、研讨活动、反思活动等。我们在此基础上结合新生命教育的内容进行拓展、丰富、完善。无论是哪种活动，都要体现出活动中主体的积极性、建构性、反思性。

生命的发展是一个自觉的过程，只有通过活动实现生命的觉悟，才能真正促进生命的发展。借助"每月一事"开展生命教育，是新生命教育，尤其是"养成与交往"板块一种很好的体验性学习方式。

近年来，江苏海门新教育实验区在每月一事方面做了许多有意义的探索，如海门实验小学从 2011 年开始，开发和建构了"十个学会"技能课程，即学会整理房间、学会做五种菜、学会游泳、学会写一手好字、学会一项球类运动、学会一项艺术特长、学会办电子报、学会表演、学会主持、学会小发明。其中前六个是必修项目，后四个是选修项目，也可以用其他个性技能替代。2014年，又启动了"八礼四仪"教育，从生活细节入手，培养学生的文明素养。"八礼"包括仪表之礼、餐饮之礼、言谈之礼、待人之礼、行走之礼、观赏之礼、游览之礼、仪式之礼，基本涵盖了学生生活的各个领域，易懂易学易做。童心、真爱在耳濡目染中被唤醒，"爱惜自己、尊重他人"的生命意识正在由"礼"走向"仁"的途中。

三、晨诵午读暮省课程

"晨诵午读暮省"不仅是新教育倡导的生活方式，也是一种学习方式和课程模式，是我们的传统课程之一。

新教育晨诵和其他晨诵不同，在选材上特别强调两点：一是围绕当时当地的客观环境选材，力图营造更真切的情境；二是围绕师生当下的生命所需进行选材，力图让诗歌与生命产生最大共鸣。在诵读上则强调情感与诵读内容的共鸣,通过心灵进入诗歌营造的情境,从而出现生命在场的叩击。

新教育认为,一个人的精神发育史就是他的阅读史,阅读是教育促进精神生命成长必不可少的工具。午读是以共读的方式开展新生命教育的重要手段。共读是新教育旗帜鲜明提出的阅读观之一。具体到不同年龄阶段有细节上的不同:小学低段以绘本、短篇为主,以"读写绘"的方式促进学生对阅读内容的体悟;小学中高段以及中学其他年级段,则顺应生命需要,根据新生命教育的内容规划,阅读其他相关书籍。

苏格拉底强调,未经反思的生活,是不值得过的生活。人的生活不是本能自然展现的,而是理性的、反思的生活。暮省是一种反思的生活,是指师生甚至学生父母在完成一天学习和工作后,以不同的方式,如口语交流讨论、日记、随笔等,对一天的生活进行回顾展望、思考与反省,通过这些对生命的自我反思和体悟,教育得以内化为自我教育,从而让生命的发现、成长和超越,变得更加主动积极。

"晨诵午读暮省"课程让师生度过张弛有度的完整一天,新生命教育也通过这样一天又一天的积累,最终呈现出生命的变化。

四、电影课程

电影课是新教育的重要课程门类,是综合课程。新教育推崇阅读，阅读的形式会随着时代的发展不断调整改变，从当初的竹简到后来的纸张，如今的观赏影像从广义上来说也是一种阅读。电影以其独特的视觉魅力给人以直观、感性的力量，与经典著作相辅相成，更加完整地塑造着我们的精神世界。由电影走向书本，本身也是培养阅读兴趣，加深对经典作品理解的重要途径。让教师从电影中汲取教育的力量，是一种潜移默化、润物无声的教育办法，值得我们更多地尝试与推广。在新生命教育的实施上，电影课程有着先天优势：借助于电影艺术的综合性，每一部精彩的电影都综合着戏剧、美术、音乐等多种资源，营造出活灵活现的情境，将受众带入其中，深度体验，润泽生命。

在新生命电影课程的落实上，和其他电影课一样，需要关注"看什么"和"怎么看"这两步。尤其在第一步的电影选择上，新生命教育所选择的电影，特别强调针对多数、积极为主，是有生命教育意义的电影。我们参照学习王开东老师选取电影的标准：一是世界范围内公认的经典电影，主要是各大电影节获奖影片；二是适切学生认知水平的影片，争取每一部都能引发学生深刻共鸣；三是创作手法独到的电影；四是绽放伟大的人性光彩，引导学生树立积极人生观和价值观的电影；五是对青春、爱情、人生、战争等某一母题深入探讨和反思的影片。一些主题消极的电影也能对生命中遭遇的难题从客观上起到发泄、舒缓的作用，但这样的电影还是小范围内，比如家庭中观赏更为适宜，而不适合在学校教室里共同观赏。

为此，新教育围绕每月一个主题，分为低、中、高三个年龄段，精心选择了 36 部电影进行教育上的深度解读，并辅以 36 部电影推荐，出版了《36 节电影课养成好习惯》，它吻合小学到中学的儿童身心特点，让电影成为寓教于乐的教育工具，成为家校共育的工具，润物细无声地促使孩子养成良好的习惯。

五、班会课程

班会是最常见的班级教育形式，班会对学生的生命影响可能超过任何一门知识性学科。班主任是班会的组织者，对一位训练有素的新教育班主任而言，班会并不是处理各种紧急事务的大杂烩，而是一个工作安排有急缓、内容调度有章法的大舞台。班会课相较于其他课堂，更为自主、自由，因此老师、学生、学生父母的生命，都可以更为便捷地在这个舞台上得到展示、碰撞与交流。

无论是以学生父母为对象的相关培训，还是以学生重大问题为对象的深度讨论，或者重大节日、纪念日如父亲节、母亲节、清明节，以及相关社团活动等，都可以在班会课的时间里，以课程的方式进行"少而透"的实施，让新生命教育从各个层面切入，促进生命的发展。

当然，也可以结合生命教育，组织专门的生命教育主题班会。新生命教育研究所袁卫星老师就为中小学编写了《班会 18 课》。该书从"生命与安全""生命与健康""生命与交往""生命与职业""生命与伦理""生命与价值"六个层面设计成"班会18课",引导学生认识和了解生命特性与发展规律,认识生命的可贵,掌握爱惜自己和他人生命的方法,掌握有关生命安全、生命干预的技能、技巧,明白群己关系以及社会公德的重要性,熟悉与他人相处的法则,掌握心理调适和解决冲突的技能;正确地认识自然对于人类的意义,掌握生态保护的知识技能;引导学生能够不断进行生命的自我体验和省思,欣赏和热爱自己与他人的生命,珍惜生命的存在,期盼生命的美好,体悟生命的意义,并且能够把这种生命的关怀和热爱惠及他人、自然,具有人文关怀、民胞物与的胸怀以及宽广的人类情怀;引导学生能够积极乐观地生活,与他人健康地交往,勇敢地面对挫折,不伤害自己和他人的生命,尊重物种的多样性和所有生命的权利,能够在人与人、人与社会、人与自然的和谐相处中表现出正确的行为。

六、生日课程

诞生,是一个生命最值得铭记的日子。生日,理应成为一个人重要的庆典。新教育生日课程用仪式擦亮被遮蔽的生命,让平凡的时光闪耀不凡的光芒,已经成为一份献给生命的精美精神厚礼。新教育的生日课程一般由班主任或语文老师开展。老师结合学生的个性特点和自己对学生的殷切期望,精心挑选出吻合学生特质的诗歌、故事,在学生的生日当天,在全班同学面前朗诵诗歌、讲述故事，作为一份特别的生日礼物送给学生。

在朗诵或讲述前，老师还会对诗歌、故事进行修改，将学生的姓名植入诗歌、故事中，并且会挑选合适的音乐作为背景音乐，选用学生照片和其他精美图片制作PPT，将学生的生命与音乐、美术、文学彻底融为一体。结合具体情况，老师们还会进行创造性发挥。有的老师会请学生父母为这位学生写生日信，并邀请学生父母参加生日仪式；有的老师会请全班同学为过生日的同学绘制生日卡、写生日贺词，并将其结集成"生日书"送给过生日的同学；有的老师会关注特殊孩子，将特殊学生连续数年的生日课程，组合成一个更大的成长典礼；当然，也有的老师因种种原因，如学生的生日在假期无法开展，就会将数名同学的生日课程集中到一起，举行集体生日庆典，等等。

诞生是美好的，诞生代表着开始，也代表着希望和未来。诞生创造了新的生命，孕育了创造新世界的可能。但生命是有限的，诞生也必然意味着生命死亡。我们不期盼死亡，但我们无法逃避死亡，可以说，生命就是不断地走向死亡的过程。正因为死亡是生命的归属，所以，海德格尔说，人必须向死而生。向死而生是一种生命倒计时的方法，它用"死"的意识来激发我们内在"生"的欲望，以此激发人们内在的生命活力。所以，新教育不仅把生日课程作为生命教育课程，同样把死亡课程作为生命教育课程。诞生和死亡是生命的两极，对生命都具有绝对的决定意义，生命发展在诞生与死亡之间。

七、生死课程

中国人常复述孔子的话："未知生，焉知死？"意思是说，不必过多地去考虑死亡这种终极问题，先好好活着再说。这其实反映了中国人往往更重视现实世界，而忽略了彼岸世界。这句话作为一种生活态度是积极的，但从教育的角度来看，这句话其实反过来说更合适：未知死，焉知生？能够以死亡来反观生存和生活，从而珍惜有限的时间，致力于最痴迷的事物，迅速有力地行动，就是让死亡发挥出了积极的意义，才算解决了"死亡"这个任何生命都无法绕过的重大问题。这也就是新生命教育的生死课程所希望做到的。生死课程就是要让人在健康时，就真正懂得"向死而生"的意义，知道死之必然，生之不易，生之幸福，生有价值，生有意义。

对孩子开展生死教育，其意义同样十分深远。首先，可以消除对死亡的恐惧和焦虑。随着年龄的增长、阅历的增加，孩子会亲身经历宠物、长辈等的死亡；同时，也会通过各种媒介获得一些关于死亡的资讯或报道；另外，在文学、美术、影视等作品中也会接触到关于死亡的描述……所有这些，都可能给他们带来恐惧和焦虑心理：一方面，担心死亡随时降临到自己头上；另一方面，担心身边的宠物甚至亲朋随时失去生命。我们以健康的心态坦率地讨论死亡各方面的问题，有助于孩子平抑死亡问题引发的上述精神痛苦。其次，可以建立正确的生死观，积极向上地过有意义的幸福生活。"生"与"死"是生命的一体两面。因此，既要引导孩子认识死亡现象,还要引导学生掌握生存技巧,更要引导学生追求人生价值。通过对生死的思考和理解,培养出追求幸福、追求意义的人生态度。再次,可以理解并实施临终关怀。如同迎接新生命、翻开人生历程的第一页一样,送走生命、合上人生历程的最后一页,画上一个完美的句号,也是人生的无缺。因此,如何让临终者在死亡时获得安宁、平静、舒适,让家属在病人死亡后不留下遗憾和阴影,这些就是临终关怀所要引导学生思考和讨论的话题。

八、生命叙事课程

生命就是一个故事,人生就是一个生命故事剧,把生命故事讲出来,就是一场生动的生命教育。新教育关注教师和学生的成长,也从关注他们的故事开始,引导他们讲述自己的故事,在故事中反思,在故事中激励,在故事中成长。新教育的生命叙事课程主要分为班级叙事、生命颁奖和戏剧展演三大部分。这个综合课程应该如何开展,我们在新教育年度主报告《艺术教育"成人之美"》中进行过详细介绍。生命叙事课程是一个具有丰富艺术元素的综合课程,与此同时,从命名到内容都显示出它也是新生命教育的一个实施途径,是一种重要的新生命课程样态。并且,生命叙事课程在实际开展中,从各个层面都取得了很大成功,是一种不可或缺、值得推荐的新生命教育课程。

除了上述比较成熟的课程之外，还有许多新教育实验教师在结合教育现状、自身条件的基础上，研发出的课程，如安全课程、心理课程、养殖课程、旅游课程等。山东省滨州市滨城区清怡小学李红梅老师就用新生命课程润泽着教室里的生命，她开发了"寻找秋天最顽强的生命""树叶的重生""蚕的美丽蜕变""杨柳青青春意浓"等生命课程。这些各具特色的课程，不仅对学生生活习惯、学习习惯的养成，而且对学生与自然、学生与社会的交往，有着很好的引领和帮助，就连学生父母也在跟随师生的一次次课程实施中，感悟生命之美，自身被唤醒，得到了新的成长。

以上是新教育的特色课程，特色课程中都蕴含着生命教育的元素。因为课程是培育人的载体，也是生命教育的载体，所以，生命教育可以渗透在所有的课程中，形成一套"组合拳"。

第一，组合显性课程，形成"多侧面"。如小学的体育与健身、语文、自然、道德与法治等学科，初中的体育与健身、语文、科学、道德与法治、社会、历史等学科，高中的体育与健身、语文、生命科学、思想政治、社会、历史等学科，都是新生命教育的显性课程。在这些课程中，教师应当结合课程，在学科教学中增强生命教育意识，挖掘显性和隐含的生命教育内容，分层次、分阶段，适时、适量、适度地对学生进行生动活泼的生命教育，引导学生认识生命、珍惜生命、尊重生命、热爱生命，提高生存技能和生命质量。要充分运用与学生密切相关的事例作为教学资源，利用多种手段和方法开展新生命教育，让知识具备生命的温度，成为活生生的智识，让知识增添生命的能量，帮助学生以新的视角进一步认识生命、珍惜生命、尊重生命、热爱生命，以更大热情去实现自我生命的价值。如我们探讨的新艺术课程，就是要利用艺术美感陶冶学生的情操，提高学生的审美情趣，从而使学生保持乐观积极的心态，激发学生对生命的热爱之情和对生活的创造热情。

第二，重视隐性课程，形成"全渗透"。知识可以是冰冷僵硬的纯粹客体，也可以在教师重温知识的探索过程中，在学生全新建构知识的体系中，成为生命触摸世界的一种方式。后者构成了新生命教育的隐性课程。翔宇教育集团总校长、新教育基金会理事长卢志文先生早年曾是一位优秀的中学化学老师，他就旗帜鲜明地亮出一个观点，说："我从来不说——我教学生化学；我一直都说——我用化学教学生。"从教学生某一学科，到以某一学科教学生，其中蕴藏的正是最为朴素却最为根本的新生命教育理念。北京第二实验小学的副校长、特级教师，也是新教育的追随者华应龙说过："好的课堂不应该仅仅是传授知识，更要启迪智慧、点化生命。"作为数学特级教师，他曾经出版过一本书《我就是数学》，但最近他又出版了一本《我不只是数学》的新书。从"我就是数学"到"我不只是数学"，反映了从教数学到数学育人的变化。华应龙说："我是小学数学教师，但我不是教数学的，我是用数学来教孩子的，将孩子的数学学习嵌入有意义的生命情境之中，是我的使命。"[1]

---

[1] 华应龙：《从教数学到数学育人》，《中国教育报》2021年11月12日。

第五章　新生命教育的专设课程

一、为什么要开设生命教育专设课程

国内近年来开展生命教育大致有以下三种形式：一是专设生命教育课程，作为校本课程或地方课程、特色课程。二是进行学科渗透。小学的科学、体育与健康、道德与法治等学科，初中的生物、科学、道德与法治、体育与健康、历史等学科，高中的生命科学、思想政治、社会、体育与健康、历史等学科，都是渗透生命教育的显性课程。三是开展生命教育主题实践活动。如安全教育、禁毒教育、预防艾滋病教育、青春期教育、心理教育、感恩教育、环境教育、生涯教育等，开展灵活、有效、多样的生命教育活动。

三种形式各有优缺点。学科渗透的方法，把生命教育有机渗透到学校各科教学之中，它只能渗透生命的知识和意识，而生命的技能、能力和行动，则需要专门的训练，无法通过渗透来完成。专题活动虽然能够完成生命技能的训练，但不够系统、持续。加之受应试教育的影响，一些地方和学校对生命教育认识不足，学科渗透和社会实践活动流于形式，不能有效地保证生命教育的开展。

我们认为，即使学科可以渗透一定的生命教育，但这种渗透也是不全面、不系统的。生命教育具有它不可替代的独特性，有其固定的内容，实有独立设置的必要。但也面临着问题：一是有人提出，内容上与现有的课程有部分重复。其实，即便是同样的内容，生命教育与其他学科关注的侧重点不同，理解角度也不同。如生物学谈"性"，着重于生理层面的"健康的性""安全的性"，而生命教育在于谈"伦理之性"。如此，生命教育与其他学科的内容不但不会有"叠床架屋"的问题，还能收相辅相成之效。二是有人认为，开设生命教育课程会增加学生负担。至于会不会增加学生的负担，这要看生命教育如何实施以及如何评价。其实，退一步说，即便是增加了学生的课业负担，但这门学科关乎学生生命发展，关乎人生意义的问题，在"应试教育"的背景下，学科教学都关注"何以为生"的知识技能、疏于讨论"为何而生"的生命意义的情况下，单独设置生命教育课程，以专业系统的方式讨论这些"安身立命"的问题，还是非常值得和必要的。

专设课程根据生命的特点设计课程内容，具有系统性，并配有专门的教材、师资力量和课时安排，使学生在专人指导下，从个人生活、学校生活、社会生活等各个方面，对生命问题进行较全面的了解，更好地理解生命问题产生的根源及可以采取的对策，是开展新生命教育最有效的途径。

新教育实验已经开始对新生命教育专设课程进行探索，并希望以之形成与其他课程的教学及各类教育活动有机渗透、相互配合、共同推进的实施机制。从 2015 年新教育第 15 届年会开始，我们成立了新生命教育研究所，着力打造、共同培育生命教育专设课程。

二、新生命教育专设课程的理念

新生命教育专设课程是基于完整生命发展的需要，以引导学生珍爱生命、积极生活和成就人生为目标，以儿童的生活为基础，以活动为主线组织的综合性活动课程。我们提出新生命教育专设课程的基本理念主要有：

第一，过一种幸福完整的教育生活是新生命教育专设课程的价值追求。

教育起于生活，教育在生活中。教育本身就是一种特殊的生活方式，教育的过程与人追求幸福生活的过程应当是相统一的。没有教育，幸福生活只是空想；没有幸福，教育与生命便没有目的；忽视生命，幸福教育就没有意义。新生命教育倡导教育即生活，而且是一种幸福完整的生活。基于新生命教育的这一理念，新生命教育专设课程强调遵循儿童生活的逻辑，要基于生活，在生活中，为了生活，最终使学生过一种幸福完整的教育生活。因此，新生命教育专设课程是一种生活课程。

第二，发展性的全人教育是新生命教育专设课程的基本思想。

以往的生命教育，主要是作为解决社会发展中出现的种种生命危机和问题而提出的，是作为应对社会问题和生命伤害的工具，带有治疗性。区别于治疗性的生命教育，新生命教育是基于生命完整需要的一种发展性生命教育。它从自然生命、社会生命和精神生命的发展需要出发，致力于生命的统整与和谐发展，呵护自然生命，完善社会生命，滋养精神生命，实现生命全面和谐的发展。因此，新生命教育是一种全人的教育。新生命教育专设课程基于完整生命的动态发展需要而设计。

第三，引导学生珍惜生命、热爱生活、成就人生是新生命教育专设课程的重要目标。

新生命教育专设课程以自然生命、社会生命和精神生命为原点设计。针对三重生命发展的要求，生命教育课程引导学生珍惜生命，热爱生活，成就人生。珍惜生命是基础，热爱生活是关键，成就人生是归宿。只有做到了这三个方面，生命才是可持续的、健康的、幸福的和有意义的。

第四，儿童生活是新生命教育专设课程内容的基础。

生活是生命成长的基础。因此，生命教育课程不能脱离生活，儿童生命的成长源于他们对生活的认识、体验、感悟和行动。生活从范围上包括家庭生活、学校生活和社会生活，从性质上来说，是健康的、积极的、快乐的、幸福的。新生命教育专设课程正是在儿童的家庭、学校和社会生活中，选择他们生命发展中的关键主题，引导他们面对成长中的问题，体验成长中的美好，过一种积极的、健康的、快乐的、幸福的生活。

第五，活动体验是新生命教育专设课程实施的主要形式。

新生命教育的目的在于发展生命，生命只能在活动中发展。因此，活动成为新生命教育专设课程的主要形式，新生命教育专设课程是一门以生活实践为主要形式的活动性课程。课程形态主要是在具体的生活场景中，通过组织学生参与各种活动或通过身临其境的体验，使学生掌握生命保护的技能，引导学生去思考、判断、体验他们自身的经验，或在影片欣赏、角色扮演之后，获得生命的体验和心灵的震撼。

三、新生命教育专设课程的特点

新生命教育专设课程是以学生生命为原点，以人与自我、人与他人、人与自然、人与宇宙等四大关系为主线，以学生在四大关系中的生活为基础而组织的活动性综合课程。课程具有如下基本特点：

一是生活性。生活是生命的动态存在，生命在生活中成长，生活是生命的根基。所以，本课程遵循师生生活的逻辑，基于生活，在生活中，为了生活。基于生活，是指以学生生活的需要和问题为出发点；在生活中，是指以学生的现实生活为生命教育专设课程的主要源泉，在教师引导下体验生活，参与生活，创造生活；为了生活，是指以正确的价值观引导学生在生活中发展，在发展中生活，最终使他们过一种幸福完整的教育生活。因此，新生命教育专设课程是一种生活课程。

二是综合性。新生命教育专设课程以师生生命发展为圆心，以学生生活为基础，围绕学生生命发展中的四大关系组织课程内容，具有综合性。课程设计体现了人与自我、人与他人、人与自然、人与宇宙的内在整合，课程内容涉及中小学的思想道德与法治、体育与健康、自然、科学、社会、历史等多学科的整合，涉及安全教育、心理健康教育、情感教育、生涯教育、禁毒教育、环境教育、可持续发展教育等多个主题内容的整合，是一门多主题、跨学科的综合性课程。

三是实践性。新生命教育专设课程超越单一的书本知识的传授，其教与学的逻辑是实践性的，是一门以社会生活实践为主要形式的活动性课程。课程形态主要是在具体的生活场景中，通过组织学生参与各种活动或通过身临其境的体验，使学生掌握生命保护的技能，引导学生去思考、判断、体验他们自身的经验，或在影片欣赏、角色扮演之后，获得生命的体验和心灵的震撼。本课程的目标就是要学生在活动中体验生命，在活动中感悟生命，在活动中建构生命。

四是生成性。生命不是预设的，是在生活中不断生成的。新生命教育专设课程基于儿童的生命发展需要，以儿童生活为核心组织内容。因此，随着儿童生活和活动过程的变化和需要，就需要我们组织和调整课程目标，课程内容也应该随着不同生命发展阶段的需要，以及不同阶段所面临的生命问题组织相应的内容，使生命教育内容随着年龄阶段的发展呈螺旋上升的形态。生成性还体现在课程实施上，教与学都是动态的，使教学充满生命的活力；课程是开放的，一切有利于生命成长，为生命提供滋养的内容，都可以列入生命教育的专设课程，或成为生命教育专设课程的资源。

四、新生命教育专设课程的目标

1. 总体目标

课程总体目标围绕着让师生"过一种幸福完整的教育生活"的新教育理念，通过新生命教育，使每个人都能够珍爱生命、积极生活、成就人生，拓展生命的长宽高，成为最好的自己。将这一目标落实在课程中，具体要求为：

一是珍惜生命（健美的身体）：认识生命的特点及其发展规律，珍惜自己的生命，尊重他人的生命，敬畏自然的生命；掌握生命安全与身心健康的知识、技能，保持心理和情绪健康，预防各种可能的生命伤害事件的发生，不自杀和伤害自己的生命，也不杀人和伤害其他生命。

二是热爱生活（积极的生活）：能够主动适应社会，保持积极心态，与他人健康地交往，勇敢地面对挫折，养成良好的生活习惯和积极乐观的生活态度，具有良好的人际沟通能力；能够遵循社会公共规则，同情和关心弱势群体，具有社会公德、正义感和责任心。

三是成就人生（幸福的人生）：认识生命的意义和价值，具有独立之人格、自由之精神；合理规划人生，具有远大的理想和坚定的信仰；具有生命超越性，激发生命的潜能，直面生死，超越死亡，追求生命的崇高与伟大；超越"小我"，关心国家、社会和人类，具有中国灵魂和世界胸怀。

2. 分类目标

把"珍惜生命、热爱生活、成就人生"按照"情感与态度""知识与技能""行为与能力"三个维度加以分解，具体表现为：

一是情感与态度：珍爱生命，欣赏生命；积极生活，自信向上；具有正确的人生观和人生信仰；具有人文关怀意识。

二是知识与技能：掌握生命安全、身心健康知识与技能；掌握生活和生存必需的知识和技能；认识社会规范，具有与他人健康交往的知识和技能；具有规划人生的知识与技能。

三是行为与能力：具有保护生命的能力；养成良好的生活习惯和行为习惯；能够进行自我管理，具有良好的社会交往能力和人际关系；能够合理规划生涯、选择职业，追求幸福生活，实现生命的意义和价值。

3. 学段目标

根据新生命教育课程的总目标和中小学生生命发展的不同特点，分别确定小学阶段、初中阶段和高中阶段的新生命课程的目

标。具体表现为:

小学阶段:帮助和引导学生初步了解自身的生长发育特点,掌握安全健康生活的常识和技能,掌握自我保护、求助、避险与逃生的基本技能,知道预防常见健康问题和疾病的基本知识,养成规律作息与文明卫生的习惯,具有健康的生活方式;初步树立正确的生命意识,学会与老师、同学、家人交往,形成积极、开朗、乐观的性格,养成礼貌友好的交往品质;能够形成对自我的初步认识,发展兴趣、爱好和良好的个性特征。

初中阶段:帮助和引导学生了解青春期生理、心理发展特点;掌握自我保护、应对灾难的基本技能;增强网络信息的辨别意识和能力,防范网络电信诈骗;学会尊重生命、关怀生命、悦纳自我、接纳他人;认同"人与自然和谐共生"理念,保护公共环境卫生;学会克服焦虑情绪,提高应对挫折的能力,能够主动求助;养成健康良好的生活习惯,提高保持健康、丰富精神生活的能力,培养积极的生活态度和人生观;能够对人生有一定的思考,有初步的人生规划,确立人生的目标。

高中阶段:帮助和引导学生形成科学、合理的性生理、性心理和性道德观念;掌握应对生命危机的知识和技能,增加生命的抗挫能力;养成独立的人格、自由的精神,树立远大的理想,超越生命的局限;遵守国家网络安全相关法律法规,学会用法律和其他合适的方法保护自己的合法权益,养成公民需要的社会公德,具有社会责任感、正义感;能够突破自我,具有民胞物与的胸怀以及宽广的人类情怀，谋求人与人、人与社会、人与自然的和谐统一。

五、新生命教育专设课程的内容设计

生命不能只理解为"自我"的生命，因为人的生命是关系性的，自我的生命离不开他人，离不开社会，离不开自然界，也离不开宇宙。因此，生命教育就不只是个人要保护自己的生命，而是要学会处理人与他人、与社会、与自然、与宇宙的关系，在诸种关系中，成全完整的生命，实现生命的和谐发展。著名学者、现代新儒家学派代表人物杜维明先生认为整全的人是由人与自我、人与社群、人与自然、人与天四个维度交融在一起。[1] 这与新生命教育强调的完整人的生命是相一致的。

第一，"人与自我"的关系，"知己"的教育。

人的一切关系都取决于人自身。人在生活中建构着关系，关系创造了人自身。自我是创造的源泉，生命教育当从自我开始，儒家的"修身齐家治国平天下"，则是以"修身为本"。自我不只是拥有身体，还通过身体表达自己的情感、自己的精神。所以，人与自我的关系，不只有自我的身心健康，还有人的社会性和精

---

[1] 杜维明、王建宝：《精神人文主义：一个正在喷薄而出的全球论域》，《船山学刊》2021年第1期。

神的发展。新生命教育要引导学生认识自己的生命，了解个体身心发展的规律，掌握促进身心健康的方法，学会保护自己，形成良好的生活方式和行为习惯，并能规划自己的职业生涯，实现自己的人生价值。

第二，"人与社群"的关系，"知群"的教育。

自我不是一个孤立的原子式存在，自我生活在关系中，离开了他人，以及人与人之间结成的各种社群，就没有自我的存在。所以，自我与他人、与社群不是分离的，尊重他人，融入到社群之中，不仅是为了他人，也是为了自我。没有他人就没有完整的自我。所谓健全人格，是与他人、与社群和谐相处的人格。当然，社群范围有大小，小的社群可能是家庭、班级、学校、单位、社区，大的社群可能是区域、国家、民族乃至世界。新生命教育要引导学生认识个体生命的共在性和社会性，关心、爱护、尊重他人，积极面对人与人之间的冲突，发展健康的人际关系，遵守所在群体、社会的制度、规范，具有社会公德和社会正义感，做一个有爱心、负责任的家庭成员、社区居民、国家公民、人类的一员。

第三，"人与自然"的关系，"知物"的教育。

人是从自然中进化来的，是自然进化的精华，寓自然之灵气于生命之中。所以，理解人与自然的关系，不能只把自然看作人的生存外部环境，只看到自然的工具价值，没有看到人与自然的生命合一。"仁者以天地万物为一体"，自然不是身外之物，"从演化论等方面来看，地球就是我们生命不可分解的一部分；从我们自己的自然生命来看，跟地球有无限的关系。我们不能把地球当作外在的资源来利用，自然就是我们主体的一部分，是我们生命能够延续和发展必不可缺的条件"。[①] 所以，生命教育理当包括人与自然和谐相处的教育，要引导学生认识到每个生物体都有存在的权利，尊重生物的多样性，要建立生命共同体，实践保护地球的守则，维持自然的生态平衡，形成健康的消费观念，实现人与自然的和谐的可持续发展，创造一种天人合一的境界。

第四，"人与宇宙"的关系，"知天"的教育。

天地与我，宇宙与我之间，如同自然与我一样，都不是简单的外在关系。孟子说："万物皆备于我"，天地万物都和我有关。张载在《西铭》开篇指出："乾称父，坤称母；予兹藐焉，乃混然中处。"天地是我父母，我处于他们的中间，与他们骨肉相连、血脉相通。人不是世界的主宰者，不应该有战天斗地、征服自然的想法，而应该敬畏天地，遵循天道、天理。生命教育引导学生探索人类存在的意义和价值，思考死亡的意义，关心人类面临的危机，最终实现天人合一、民胞物与。

总之，生命不只是小我，而是融合在他人、社群、自然与天地之中，每个人的生命都与他人、与世界、与天地万物融于一体，即身心的整合、人与社会的互动、人与自然的持久和谐、人心天

---

① 杜维明：《为什么要"学做人"——关于第二十四届世界哲学大会主题的思考》，《光明日报》2018年8月11日。

道的相辅相成,四个方面共同构成了一个完整人的基本框架。[①] 生命教育就是要引导学生建立生命与自我、他人、社会、自然、天地宇宙的和谐关系,爱护自己、关心他人、关心社会、敬畏自然,提高生命质量,理解生命的意义和价值。

上述"四大关系"的生活,体现在自然生命、社会生命和精神生命之中,构成了生命教育的核心内容。为此,新生命教育提出了六个领域,对应三重生命。具体为:

- 自然生命(珍惜生命)
- 生命与安全
- 生命与健康
- 社会生命(热爱生活)
- 生命与养成
- 生命与交往
- 精神生命(成就人生)
- 生命与价值
- 生命与信仰

根据课程的六个领域,遵循横向展开、全面系统的原则,将六个领域细化为13个学习模块。依照不同年龄阶段学生的特征和

[①] 杜维明:《为什么要"学做人"——关于第二十四届世界哲学大会主题的思考》,《光明日报》2018年8月11日。

发展需要，纵向衔接、循序渐进，设计不同学段的课程主题。

第一，"安全与健康"领域。

"安全与健康"领域，主要包括居家安全、校园安全、社会安全、身体健康、心理健康、两性健康等六个模块。

居家安全方面，应让学生在了解居家安全常识外，重点掌握居家如何防电防火、防盗防抢，以及应对突发事件及确保上网安全。

校园安全方面，应让学生在了解校园安全常识外，重点掌握在校如何确保游戏和运动安全，防止和应对校园暴力、疾病传染及其他意外。

社会安全方面，应让学生在了解社会安全常识外，重点掌握交通安全、野外安全的相关知识，学会应对自然灾害、暴力恐怖，树立社会安全和国家安全意识。

身体健康方面，应让学生在了解身体器官、生长发育、疾病危害等基础上，重点掌握营养、运动、休息、治疗等对健康的作用，以及如何使用药物，如何对待吸烟与饮酒等问题，预防药物误用和滥用。

心理健康方面，应让学生在了解情绪、性格、压力等基础上，重点掌握情绪管理、环境适应、压力纾解等方法。

两性健康方面，应让学生在了解生命孕育、两性区别、青春发育等基础上，重点掌握正常异性交往、应对异性骚扰、防止两性行为等方法。

在课程内容上，生命安全与健康领域分学段主题呈现如下：

生命安全与健康

年段		居家安全	校园安全	社会安全	身体健康	心理健康	两性健康
小学	一	警惕隐形杀手	认识警示标志	了解交通常识	了解身体器官	适应集体生活	认识男孩女孩
	二	防范宠物伤害	切莫追逐打闹	防止走丢走失	爱护自己身体	认识个体角色	懂得两性秘密
	三	安全使用电器	确保游戏安全	乘车安全出行	远离垃圾食品	解决情绪问题	防止性别侵害
	四	应对陌生来访	防范校园踩踏	防止游泳溺水	注重科学膳食	掌握自控方法	尊重性别差异
	五	注意饮食安全	学会运动保护	安全乘坐电梯	了解常见疾病	培养自我意识	了解青春发育
	六	防范家庭暴力	防范校园暴力	学会向人求助	学会安全用药	懂得悦纳自我	学会异性交往
初中	一	学会火灾逃生	避免运动伤害	畅游网络世界	科学锻炼身体	学会适应环境	克服青春烦恼
	二	注意电信诈骗	应对疾病传染	拒绝不良诱惑	认识烟酒危害	直面困难挫折	避免两性行为
	三	应对地震来袭	注意实验安全	学会见义智为	远离毒品诱惑	培养独立能力	维护两性健康
高中	一	—	确保住校安全	学会紧急避险 学会应急救护	制订健康计划	认识自我性格	认识纯真爱情

续表

年段		居家安全	校园安全	社会安全	身体健康	心理健康	两性健康
高中	二	—	保护财物安全	防范野外危险学会野外生存	学会健康生活	懂得尊重他人	理解婚姻责任
	三	—	注意舆论安全	远离非法组织应对暴力恐怖	走出健美误区	学会压力管理	憧憬美好家庭

2021年，教育部印发了《生命安全与健康教育进中小学课程教材指南》，关注的就是这个领域的内容。新生命教育在把安全教育作为前提的情况下，重点关注身体的健康教育课程的理念与实施。

第二，"养成与交往"领域。

"养成与交往"领域，主要包括习惯养成、人际交往、人与自然三个模块。习惯养成包括学习习惯、生活习惯。学习习惯方面，应让学生在尊重教师、认真学习的基础上，学会自主阅读、独立思考、合作探究。生活习惯方面，应让学生养成卫生习惯、锻炼习惯、劳动习惯，并学会自我管理。人际交往方面，应让学生在了解生命诞生、父母养育基础上，学会理解尊重，懂得孝敬父母，承担家庭责任；应让学生在了解集体生活、社区生活、公共生活的基础上，掌握选择良师益友、应对同辈压力、提升社交能力的方法。人与自然方面，应让学生在了解生命现象、生命起源基础上，认识生态平衡，保护自然环境，过一种健康的绿色生活。

在课程内容上，生命养成与交往领域分学段主题呈现如下：

生命养成与交往

年段			习惯养成	人际交往	人与自然
小学	低年段	一	爱惜学习用品	学会爱的表达	爱护动物朋友
		二	讲究个人卫生	学会赞美他人	呵护植物邻居
		三	学会文明用语	学会表达歉意	探寻自然奥秘
	高年段	四	学会自主学习	学会团结合作	学会处理垃圾
		五	培养运动爱好	学会宽容理解	认识环境污染
		六	养成礼仪举止	参与社区服务	学会敬畏自然
初中		一	优化学习方法	善为家庭分担	发现山水之趣
		二	合理安排闲暇	学会同龄相伴	思考城市之殇
		三	学会艺术生活	关心弱势群体	参与环保维权
高中		一	学会批判反思	承担家庭责任	珍惜自然遗产
		二	学会科学理财	参与社团活动	做好地球村民
		三	发展审美情趣	热心公益事业	追求天人合一

在这个领域，在形成良好人际关系的基础上，我们将重点关注新养成课程的理念与实施。

第三,"价值与信仰"领域。

"价值与信仰"领域,主要包括生涯发展、价值追求、人生信仰、生死智慧等四个模块。生涯发展方面,应让学生在培养兴趣爱好、发展兴趣特长基础上,养成职业素质,提升职业能力,做好生涯规划;应让学生发挥自我的潜能和积极因素,弥补短处和不足,选择最有效的成长途径,各得其所地获得最大限度的个体发展。价值追求方面,应让学生在追求真善美的基础上,学会做出负责任的决定。人生信仰方面,应让学生拥有一个崇高的精神生活空间,为他勇敢地生活下去提供勇气,提供必需的精神支柱和行动指南。生死智慧方面,应让学生在了解生命由来、生命成长、生命归宿基础上,了解死亡现象,懂得临终关怀,学会向死而生,并在理解生命意义与价值的基础上,成就人生。

在课程内容上,价值与信仰领域分学段主题呈现如下:

生命价值与信仰

年段			生涯发展	价值信仰	生死智慧
小学	低年段	一	了解自我身份	拥有仁爱之心	了解生命诞生
		二	培养兴趣爱好	学会诚实守信	了解生命过程
		三	寻找榜样人物	学会勇敢进取	了解死亡现象
	高年段	四	了解各行各业	拥有朴厚之德	了解生命独特
		五	探寻潜在能力	正确对待金钱	了解生命基因
		六	发现性格天赋	肯定自我价值	增强生命韧性

续表

年段		生涯发展	价值信仰	生死智慧
初中	一	认识自我身份	拥有友善之举	懂得敬畏生命
	二	参加职业体验	走出自我局限	懂得悦纳生命
	三	发展管理兴趣	学会团队合作	学会临终关怀
高中	一	了解职业倾向	担当社会责任	珍惜生命权利
	二	了解大学专业	启发道德思考	活出生命精彩
	三	规划美好人生	走向知行合一	懂得向死而生

根据上述生命教育的六大领域，新生命教育研究团队研制了《新生命教育指导纲要》，研发了小学到高中22册（每个学期一册，其中初三、高三为全一册）的《新生命教育》实验用书，其中包括学生用书、配套音像资源包和数字化学习平台等。实验用书是承载教学内容的规范化、系统化的教科书，是基础性资源，是教与学的基本依据。音像资源包作为重要的动态性辅助资源，对丰富学习内容和改变课堂学习方式，有着重要作用。数字化学习平台是实现"人人皆学，时时能学，处处可学"的重要载体。2020年初，全球新冠肺炎疫情暴发后，我们又根据防疫的需要，及时推出了《新生命教育（抗疫版）》小学段和中学段教材，出版了《生如夏花——生命教育10人谈》《守望春天——生命教育10日谈》等辅助读物。

除编写实验用书之外，我们还需要构建新生命教育专设课程资源平台。这个资源平台将要打破学校课程的界限，走向学生发展可以利用的一切资源。从空间上看，包括学校资源、社区资源、家庭资源；从形式上看，包括文本资源、音像资源、实物资源以及网络资源等；从成员上看，包括建设新生命教育师资队伍，培训和培养新生命教育专兼职教师，柔性使用校外相关人才资源；从环境上看，包括学校因地制宜地安排新生命教育的活动场所和积淀充满生命关怀的校园文化氛围。

新生命教育专设课程将凸显其完整性、连贯性和层次性，将新生命教育的基本内容系统完整地呈现出来。学校和教师可以依据自身条件，通过多种途径和多种方式，创造性地达成新生命教育的目标。

在专设课程的课时安排上，我们建议每学年36课时，每学期18课时，每周1课时。可通过整合课外活动、综合实践、班团队活动、专题课程后，放在地方与学校必修课程板块（每个学校都有16%—20%的课时空间），在这个课时空间内，可以保证每周都开设新生命专设课程。

第六章 新生命教育的教学原则与方法

一、新生命教育的教学原则

教学原则是在教育理念引导下，为完成教学任务，教学工作应该具有的基本遵循。在传统的生命教育中，教学的方式主要有三种：认知的方式，体验的方式，实践的方式。

从认知的方式来看，最简单有效的办法是阅读。通过教材、文学作品、影视等不同读物，告诉学生关于生命方方面面的有关知识与技能，情感、态度与价值观。比如，对于死亡现象，曾有调查显示，认为"人死了，生命就停止了，不会再活过来"的小学生占 60.30%；近三成（27.62%）的小学生认为死亡是"在这个世界消散，去了另一个世界"；10.67% 的小学生视死亡为"睡觉、做梦"，甚至认为人能"死而复生"（1.41%）。通过阅读相关内容，可以纠正孩子对死亡的认识偏差，认知到死亡就是生命的终结。新生命教育特别重视阅读，研制了中小学生、教师生命教育推荐阅读书目（见附录4）。阅读不只是获得科学的认知，还在于获得生命的感染与升华。因此,必须打通阅读与体验的鸿沟,把阅读与体验联系起来。阅读的过程也是生命的体验过程。

从体验的方式来看,则更多采用创设情境的手段。把生命引入某种具体的情境,让人对生命有更加直观、更加直接的真切感受,突破简单的认知层面,达到知、情、意、行合一,带动师生的自我内省。一些新教育实验学校开设了不同的课程,比如蒙起眼睛,或者塞住耳朵,或者不准说话等等,让孩子们通过体验盲、聋等残障人士的生活,加强对生命的理解。比如在2015年新教育年会上进行引领展示的新教育实验学校成都金堂杨柳慈济小学,也开设了很好的生命体验课程,包括自然情景体验、社会交往体验、历史人文体验等。

从实践的方式来看,最好的实践是社会活动。利用青春期教育、心理教育、安全教育、健康教育、环境教育、禁毒和预防艾滋病教育、法制教育等各种专题教育形式,利用班团队活动、节日、纪念日、各类仪式、学生社团、社会实践等多种载体,在灵活、有效、多样的实践活动中,从学生的兴趣、经验、社会热点问题或历史问题出发,结合区域、学校和学生的资源和特点,开展相关的生命教育。

同时新教育实验遵循"知识、生活与生命的共鸣"的一贯追求,新生命教育也同样在知识与生活和生命发生共鸣时,才是成功的、真正的新生命教育。因此在新生命教育专设课程的教学过程中,需要超越书本知识的传授,其教与学特别强调个体生命的体悟——体验与感悟，力图把认知、体验、实践融为一体，通过汲取他人的生命经验从而有效建构自我，通过持续践行从而实现自我的不断超越。

也就是说，新生命教育的教学方式，是在所有的体验和实践之初，应该阅读先行，为其储备足够丰富的背景知识；在所有体验发生之时，情境不仅要模拟真实，而且必须吻合生命当下的认知规律，让体验从简单模拟演变为与真实接驳；在所有实践开展之际，应该以情生境，用体验深度叩击心灵，才能将外在的活动逐步内化为内在的准则；同时，新教育认为，只有在阅读过程中将文字内容和社会生活、自身生命产生共鸣，才是真正意义上的阅读。

新生命教育认为，在课程的教学过程中，必须充分运用学科教学，传授科学的知识和方法，不仅要突出重点，利用课内课外相结合等方式开展形式多样的专题教育，更要坚持以实践体验为主，开展丰富多彩的课外活动，同时也要重视营造学校、家庭和社会的和谐人际环境，发挥环境育人的作用。以这样跨学科渗透、多方式整合的教学方法，在这样浪漫、精确、综合的循环过程中，将容易产生理想的教学效果，把新生命教育传递的信念或价值观内化到师生的思想、情感及价值判断中，产生积极的生命态度、坚定的行为意志，从而真正幸福完整地实现新生命教育的追求。

二、新生命教育的教学方法 ①

认知、体验和实践在生命教育中不是分开的,而是一体化的。因此,基于认知、体验和实践提出的教学方法也不是单独运用的,而是多种方法的综合运用。就分类而言,生命教育常用的教学方法有以下几类。

第一,认知类方法:阅读法、讲授法、讨论法、批判思考与价值澄清法。

阅读法。新教育认为,一个人的精神发育史就是他的阅读史,阅读对个体的精神成长至关重要。没有阅读就不可能有个体心灵的成长,不可能有个体精神的完整发育。精神发育最重要的通道就是阅读。因为人类最伟大的智慧、最伟大的思想没有办法从父母那里拷贝和遗传,而是深藏在那些最伟大的经典书籍之中。阅读对于生命唤醒的独特价值在于:书籍在生命独自面对另外一种精神与情感的情境时,架设起了灵魂交流的场域,使阅读本身和人精神的沟通变得可能,从而充盈了个体生命的精神生活世界,赋予了个体生命更多的意义,让人不断实践高尚的人生价值。这种读者与作者之间、读者与读者之间的互相映照反复出现,也就意味着自我教育的不断实施。新生命教育不仅倡导自己读书,还倡导共同阅读。生活在不同的语言里,就是生活在不同的世界上;

---

① 关于新生命教育的教学方法,在冯建军主编的《生命教育教师手册》(山西教育出版社 2018 年版)一书 94~111 页已有详细介绍。

共读一本书，就是创造并拥有共同的语言与密码。共读，就是和读同一本书的人真正生活在一起。

讲述法。讲述法是以教师的教授活动为主的教学方法，指教师通过简明、生动的口头语言向学生叙述事实材料，或描绘所讲对象。运用于生命教育中，则主要适用于与生命相关的科学知识的传授，如人类的起源、生命的诞生、男女性别等知识性生命教育话题。讲述法的优点是在理论的阐述中可以使学生对所学知识形成系统的认知，主要缺点是教师往往以单向沟通的形式呈现，如果运用不好，学生学习的主动性、积极性不易发挥，容易出现教师满堂灌、学生被动接受的局面。所以，教师采用讲述法进行生命教育教学时，为提升学生学习兴趣及效率，教师可使用教学媒体进行教学，如使用投影片、幻灯片及影片等现代设备，并配合问答、讨论方式，提高学生的参与度以及增加师生彼此之间的互动。另外，教师也可利用日常储备的生活经典案例或生命叙事，并结合理论进行讲述，尤其是教师可以结合自己的生活经验或学生中的故事进行讲述，不但贴切生动，而且更能发挥言传身教的作用。在当代生命教学中，绘本教学的运用，也可以看成是一种有趣的讲述法。

讨论法。讨论法多属于多向沟通教学，是指在教师的指导下，学生以全班或小组为单位，就某一主题或日常生活中所发生的事情进行讨论或辩论，各抒己见，获得新知识或巩固旧知识的一种教学方法。我国《学记》就曾指出"独学而无友，则孤陋而寡闻"，所以，讨论法有助于培养学生的合作精神，有助于加深学生对学习内容的理解、激发学习兴趣、提高学习热情,例如进行人应该如何生活的讨论、生命有无意义的讨论等;另外,也可以请学生事先进行阅读书本或观赏影片等准备工作,然后以小组方式先进行讨论,再在课堂上报告及讨论,如观赏《泰坦尼克号》,然后就生命、爱情等话题进行讨论。讨论注重沟通和理性辩论,讨论不一定要得出共识和结论,也可以增加相互理解,寻求差异共生。

批判思考与价值澄清教学法。它包括两个方面:一是批判思考,二是价值澄清。在生命教育教学中,批判思考是为了培养学生批判性思维能力,价值澄清则是为了帮助学生形成正确的生命观、价值观、人生观。鉴于两者所产生作用的互补性,在生命教育教学过程中,往往将这两种方式结合使用,也就是我们所说的批判思考与价值澄清教学法。在具体生命教学活动中,就道德两难伦理等话题,教师可采用批判思考与价值澄清教学法。如就安乐死、基因移植等主题,在教授过程中,教师可组织班级小组进行辩论,激发学生对该两难议题的审辨思考,在学生彼此论辩时,教师可进行价值澄清,帮助学生厘清观念,确立正确的生命价值观。

第二,体验类方法:角色扮演、生命叙事、欣赏方法。

"体验,是人的生存方式,也是人追求生命意义的方式。"[1] 生命教育是生命对生命的影响、灵肉之间的沟通与感应。体验类方法,在生命教育过程中,是教师指导学生通过亲身体验的方式对

---

[1] 朱小蔓:《情感教育论纲》,南京出版社 1993 年版,第 150 页。

某一事物进行主观感受的一种方法。如用嘴或用脚画画，让学生有亲身体验的经历，才能感同身受，体会肢障人士生活的不便与艰辛。

角色扮演法。角色扮演主要是为了让学生有不同的角色体验，能设身处地地为别人着想，换位思考。例如跛脚和盲人的走路困难、怀孕妈妈的辛苦、顾客的纠纷处理、病情告知的难题等。其实，采用角色扮演，主要是为了让学生能够真实地感受所扮演的角色，突破简单的认知层面，学会换位思考，尤其是培养学生的同情心及着眼于他人、关心他人的情感，达到知、情、意、行合一的教育目标。

生命叙事法。新教育把生命叙事作为教师成长的重要方法。同样，新生命教育也要把生命叙事作为人生命成长的重要方法。不同于指向他人的角色扮演，生命叙事是指向自我的。生活就是由一个个事件构成的，也正是这一个个事件构成了我们丰富多彩的人生画卷。这些事件有的是有意为之，有的是无意的；有的是预期的，有的是不期而遇的。生命叙事就是要有意识地回顾和反思自己的人生事件，包括自己的生命经历、生活经验、生命体验和生命追求以及自己对他人的生命经历、经验、体验与追求的感悟等。叙事要叙，叙不只是简单地述说自己的过去和未来，更要融入于思，融入于心。思是理性，心是情感。所以，生命叙事在于入理入心地反思、共鸣，人只有在反思、共鸣中才能成长。生命叙事可以在人生的某一阶段集中叙事，一些学者的自传、口述史就是如此，但新生命教育更倡导日常叙事，让叙事成为日常生活的一部分。当叙事成为生活中的一部分，意味着我们会随时留心关注、充分关注生命中的故事及其细节，意味着对自身生活的不断探问、反思和意义观照成了生活的常态，意味着叙事成了改变自我日常生存状态的契机。

欣赏教学法。欣赏，就是某个人对于周遭的人或事物给予一种积极评价。欣赏教学多用于音乐和艺术教育之中，通过艺术欣赏，陶冶艺术情操，提高审美素养。生命教育同样需要欣赏教学。欣赏是自我对待他人生命和世界万物的态度。世界五彩缤纷，就是因为它是千差万别的；人是有个性的，这就意味着人与人之间是有差别的。我们对待他人、对待世界是一种什么样的态度，是生命教育的重要内容。如果是征服的态度，就是要消灭差异、差别，成为与自我一致的统一。如果是尊重、欣赏的态度，则是保持自我与他者之间的差异。实际上，无论我们采取什么态度，差异是客观存在的。我们对于客观存在的差异，不是以自我为中心去消灭它，而是要保持人与人之间的差异，维持大自然的缤纷多彩。因此，我们必须以欣赏的态度对待他人、对待世界。欣赏是一种态度，只要我们抱着尊重、欣赏、宽容的态度看待他人、看待世界，就能够保持生命间的和谐。

第三，实践类方法：参观教学法、实作教学法、探索教学法。

参观教学法。参观教学法是指教师根据教学任务的要求，利用一定的社会资源，组织学生对生命现象进行观察学习的一种教学方法。如病房、产房、墓园、纪念馆、博物馆、人防馆、消防馆、地震馆、户外拓展营等场所，教师都可以带领学生前往参观学习。但需要注意的是，在校外参观活动前教师必须向学生解说清楚，并妥善安排相关参观事宜，参观后应组织学生进行讨论及心得分享。另外，清明扫墓、重阳祭祖等活动也可列入教学活动中；班上如有同学或同学家人去世，教师应引领学生做关怀及实际支助的活动，例如在班上默哀三分钟、派代表前往致哀、以全班名义赠送花篮及参加告别式等；同学的双亲或祖父母或兄弟姊妹去世，应有亲疏不同的表达，这些都可以在班上进行讨论。

实作教学法。也称为实践教学法，是指就某一问题，教师指导学生实地去做的一种教学方法。在现行三维目标（知识与技能、过程与方法、情感态度与价值观）中，技能部分常以实作教学法来落实。而生命教育课程中的掌握生命安全、生存和生活的技能等都可采用实作法。这种教学方法与前面提到的体验教学法都属于实践，但两者是有区别的，例如用脚夹笔画画，并不是为了培养某项技能，而是鼓励学生去体验用脚画圆的感受，并进一步去体验健康身体的重要性和肢残人士生活的艰辛等。而像腹式呼吸练习这种教学活动则属于实作教学法，在知识层面教师要告诉学生腹式呼吸的好处、如何做，在实践层面，教师要真正带领学生做，并从旁纠正，学生做好腹式呼吸的同时，也能体验其功效。

探索教学法。所谓探索教学法主要在于鼓励学生进行自主探究活动，培养学生如何去学习，并找到所要探索的答案。其中包括逻辑推理、资料搜集分析等，甚至可以结合合作学习法，以小组讨论方式来探索研究问题。探索教学法主要在于培养学生独立解决问题的能力。在生命教育教学中，探索教学法非常适用于生命意义的探索、人生价值的讨论等话题。

以上只是生命教育课堂教学方法，其实，生命教育不能只局限于课堂，生命教育的广阔天地在家庭、在社会，在生命的所有发生的现场。发生在现场的生命教育不是说教的生命教育，更是实践的、活动的、体验的生命教育。生命教育就是不断在生命过程中去认识生命、体验生命和实践生命。

第七章　新生命教育的评价方式

评价是教育的重要组成部分。但在现实中，评价是指挥棒，有什么样的评价指挥棒，就有什么样的办学导向。理论上来说，不是评价指挥教育，而是教育决定着评价，因此，要选择与不同教育相适应的评价。评价要回答"为什么评""评什么""怎么评"等评价目的、内容和方法问题。鉴于生命教育开展尚不普遍，对生命教育的评价也少有探讨，我们试图回答这些问题。

一、新生命教育评价的方向

人们对新生命教育有不同理解，有的强调生命安全技能掌握，有的强调生命意识的发展，目的不同，评价就不同。新生命教育提出三维生命——自然生命、社会生命和精神生命，并且强调，责任意识第一、技能习惯第二、知识要点第三。因此，新生命教育的评价不能只放在生命安全、健康知识和技能的掌握上，而应更多涉及社会生命、精神生命中的情感、态度、价值观，而这些恰是最难评价的。

　　生命教育评价是对生命发展状态和生命教育样态的一种价值判断。传统评价是经验型的定性评价，现代评价讲求证据，是基于证据的科学评价。测量是科学评价的重要手段，虽然测量不是评价，但评价要基于测量，以证据为本的评价建立在测量之上，是对测量结果的价值判定。因此，也有人把教育评价称为教育测量、教育测评。问题在于基于测量和证据的科学评价是否适合生命教育？

　　网上有段于漪老师的视频，她在视频中直陈现代教育的弊端：我们的教育相当程度地异化为育分，家长、教师都在追分、逼分。"你考察一个人的综合素质多难啊！于是，最便当的就是量化了。可是，人能量化吗？量不起来的呀！开玩笑呀！"大数据评价是未来教育评价发展的趋势，但也有学者担忧，"用教育测评的方式对人的生命成长和生命发展进行评估，会把人性的复杂内在性与表现肤浅化、简单化。教育测评缺乏对人类生活及其复杂性的把握，缺乏对人的精神变革的内在的广度和深度的把握，相对于真实的人和真实的发展，它只看重数据显现的表象，而忽略人性的本质"。[1]

　　情感、态度、价值观是生命中最核心的要素，但情感、态度、价值观的评价是所有教育评价中最难的，这是一个世界难题。生

---

[1] 金生鈜：《大数据教育测评的规训隐忧——对教育工具化的哲学审视》，《教育研究》2019年第8期。

命的种种特性也决定了对于生命的评价，首先是评价指标难于确定，许多影响生命的事物都是隐性的存在；其次是测量数据难以获取，许多影响生命的事物难以量化考核。对待人的生命发展状态，不能完全采用测量的方式，但不能由此否定对生命和生命教育的评价，只不过要改变科学测量的评价方式。

生命是独特的，每个人的生命都有自身的价值，不仅难以比较，本身也不能比较。生命的独特性和差异性，决定了运用一个评价尺度评价所有人的生命，不仅不科学，也是不公正的。《国家中长期教育改革和发展规划纲要（2010—2020年）》指出：要"尊重教育规律和学生身心发展规律，为每个学生提供适合的教育"。"为每个学生提供适合的教育"，这是一个符合生命发展要求的教育理念。生命教育的评价应该是适合每个人的教育评价，即适合每个学生生命发展的教育评价，是一种差异性的、个性化的教育评价。

生命教育评价的目的在于激扬生命，发展、完善生命。现代教育评价为什么强调测量，就是因为测量能够得出客观的数据，能够进行精确的比较。这样的测量适合于比较和选拔。新生命教育，从目的上必须牢记评价不是为了比较、选拔与淘汰，而是对评价者的激发与促进，是为了激扬和促进生命的发展完善。因此，新生命教育评价不是为了评比和选拔、竞争，不需要精确量化和比较高低，而是为生命发展保驾护航，激励生命发展的动力，促进生命健康完整地发展。新生命教育评价也旨在判断新生命教育目标的实现程度，改进学校的新生命教育工作，最终促进师生生命质量的提升。

新生命教育评价更加关注生命发展过程和表现，注重过程性评价和表现性评价。评价有过程性评价和结果性评价，结果性评价关注最后发展的结果，结果以精确的方式表示出来。这个适合竞争性比较、选拔。新生命教育不在于竞争，它关注于学生生命发展。因此，新生命教育注重过程性评价和过程中的生命表现，以过程性和描述性评价为主。过程性评价一是要及时收集生命发展过程中的日常表现，二是要分析生命发展中的问题，针对问题，及时引导、改正，使生命始终沿着健康的方向发展。

从评价主体看，新生命教育特别重视通常意义上的被评价者，也就是学生的自主自觉，通过学生的自我发现、自我评定、自我矫正，以自我评价推动生命的自我发展与自我超越。因为生命发展的主动权在于自身，只有自身认识到生命发展的需要、追求和存在的问题，才会有生命发展的动力，才会自觉地发展生命，追求生命的完善。所以新生命教育评价意味着学生是呈现者、反思者，教师是倾听者与协助者，而不是评判者，更不是审判者。生命教育评价也是促进生命反思与改进的过程，只有把生命评价的主动权交给学生，才能真正使评价发挥促进生命完善的作用。

与此同时，学校管理层面对新生命教育开展工作的评价也应该多元化，重过程，重预防，应该更多激发教师、学生的自主意识，让师生对自我的生命状态进行自我评点和自我研究，从管理上对具体工作进行多方协助而不是简单评判甚至粗暴压制。

二、新生命教育的评价原则

2020年，国务院印发的《深化新时代教育评价改革总体方案》提出"坚持科学有效，改进结果评价，强化过程评价，探索增值评价，健全综合评价，充分利用信息技术，提高教育评价的科学性、专业性、客观性"，这一思想同样适合于生命教育评价。新生命教育要坚持评价的方向性、科学性、整体性，采取多元评价方式，注重在对学生生活及行为表现观察记录的基础上进行评价。

第一，发展性评价和诊断性评价相结合，以发展性评价为主。

传统生命教育是针对生命发展中的问题和危机的治疗性生命教育，对这类生命教育的评价如同医生看病，是诊断性的，意在发现生命中的问题，针对生命问题进行诊断，提出精准的治疗方案，如心理健康教育、自杀预防教育等。新生命教育倡导发展性生命教育，是为生命发展需要提供的全人的教育，因此，对生命教育的评价不是诊断问题，而是激励发展、激扬生命。但生命发展过程中，确实有少数学生出现生命问题，因此，生命教育必须关注这些学生的生命发展问题，诊断问题，精准施策。但诊断性评价不是新生命教育的主要构成，更不是全部。即便是生命问题的治疗也是为了更好的发展。因此，生命教育评价坚持发展性与诊断性的统一，以发展性评价为主，诊断性评价融入到发展性评价之中。生命教育评价不能只看学生生命发展中的问题，生命教育不只是纠正问题，更是激励发展。

第二，单项评价与综合评价相结合，以综合评价为主。

新生命教育评价包括对学生与生命有关的学习方式、知识与技能、情感态度以及行为表现的评价，对教师生命教育教学设计、组织和实施的评价，对学校新生命教育管理工作的评价。这些不同方面的评价分别包含若干具体的评价指标，评价者可以通过对新生命教育的不同方面、环节进行单项评价，实现评价指标的多元化，提高评价结果的针对性。但由于生命发展的整体性，新生命教育评价也具有整体性，任何割裂开来的单方面的评价都不足以表示生命发展的状况和新生命教育的成效，因此，评价者需要对学校新生命教育进行全面考察和综合评价。

第三，形成性评价和终结性评价相结合，以形成性评价为主。

新生命教育评价的作用主要在于调节和改进学校新生命教育的实施状况。评价必须在各种新生命教育活动的过程中进行，以教师和学生在新生命教育活动中的实际表现为主要的评价内容。评价要充分考虑各个学校、教师或学生的具体情况，力求为改善学校新生命教育实施状况提供依据。各学习阶段的终结性的评价结果要成为下一阶段新生命教育计划的起点。新生命教育的评价重在过程，坚持在过程中改进、发展。每个生命都是独特的，要认识到生命不可比较。新生命教育反对对生命发展的结果进行功利性的评价，尤其是反对对生命发展的结果进行比较，禁止将各种排名结果功利化使用。

第四，定量评价与定性评价相结合，以定性评价为主。

为了对新生命教育的实施过程和实际成效做出全面而科学的

评价，必须综合运用多种评价方式，既要有定量的评价，也要有定性的评价。但是，新生命教育评价更要关注课程的整体实施情况和师生生命发展的整体质量，关注师生在新生命教育活动中的情感体验、思想反省及其认识、分析和解决生命问题的意识和能力的发展。所以，新生命教育评价更应重视运用描述、评析和指导等方法对课程实施的整体状况和师生生命发展的综合水平做出定性的评价，慎用或少用量化的评价，更不能把量化的结果用于比较。

第五，他评和自我评价相结合，以自我评价为主。

为了追求评价的客观性、公正性，我们会非常重视他人的评价，减少主观性。这对于生命教育的工作而言是可行的。生命教育工作开展得如何，可以借助于外在的评价。但对于生命发展而言，外在的评价无法把握生命发展的问题、需要和追求。生命发展的主动权在自身，不在外部。因此，新生命教育对学生生命发展及其影响因素的评价，强调自我评价为主。评价不是为了比较高低，而是为了增强评价对象自我诊断、反思和发展的意识与能力。因此，新生命教育评价以自我评价为主，充分发挥学生自主参与评价的作用。新生命教育评价不排斥外部的他人评价，但这个他人需要是学生生命发展的重要影响者，如家长、教师和学生同伴，他们与学生朝夕相处，对学生的生命发展有着较多的了解，他们本身也是学生生命发展的影响元素。因此，新生命教育评价主张学生自评、同伴互评、教师评价和家长评价等多主体的结合。

生命发展是长期的，因此，生命教育也不是立竿见影的，需要一个较长的发展过程。生命教育评价不能注重即时效应，要着眼于发展，看到生命发展的可能性，为生命发展提供动力，激发生命潜能。

总之，生命本身是复杂的，生命发展的影响因素更为复杂。生命教育要把握其生命的整体性、多面性与丰富性，全面评价生命的认知、情感、意志、行为等方面的综合发展及其影响因素，新生命教育不提倡将生命发展指标化和量化。每个生命都是独特的，以统一的指标要求每个生命的发展，是对生命的压制，阉割了生命的独特性。生命是自由的、自主的，因此，生命的发展也是个性化的。生命没有统一的模式，每个生命都是独一无二的。生命教育鼓励每个人都成为最好的自己。

三、新生命教育评价的内容和方法

第一，对学生生命发展状态的评价。

对学生生命发展的评价，要从整体的、有机的、联系的角度来看待学生的生命发展。依据新生命教育的总目标与分目标，各年段的评价指标与内容标准的要求相一致。同时，遵照新生命教育的评价原则，以综合性、形成性和定性评价为主，采用观察、谈话、描述性评语、成长记录袋、情境测验等评价方法。

评价者可采用观察、谈话、叙事评价、成长记录袋、情境测验等评价方法，在教育过程中观察学生的参与情况，在日常生活中考察其对生命问题的关注程度，通过各种形式的讨论和交流活动，让学生陈述其有关生命的观点并阐述理由；学生则通过成长记录袋等作业或其他相关内容、作品的收集和整理，反思学习过程，并对自己和其他同学的相关情况进行评议和反思。评价者可指导学生在新生命教育活动中记录各自的参与状况、感受与收获，使之成为一项评价依据；评价者还可以采取情境测验方式，让学生对相关的生命问题提出解决方案和行动计划。

第二，对新生命教育教学过程的评价。

对新生命教育教学过程的评价，既要重视新生命教育课程实施的整体质量，也要重视学校其他课程对新生命教育的渗透，形成整体的新生命教育实施系统，建构综合性的德育评价内容体系。

评价者要对新生命教育课程目标的设定、内容的选择、资源的开发、手段和方法的运用、活动的设计等课程实施情况进行全面的评价。可以参照以下标准：课程目标是否具有完整性；是否将新生命教育课程的内容与学生的生活联系起来；是否体现生命教育的情境性、活动性和体验性；是否引导学生通过多种途径，运用多种资源了解生命问题，并通过图书、报刊、网络等获取有关新生命教育的信息；是否根据教学内容和学生情况，灵活选用多种教学方法；是否鼓励学生与同学、教师、心理辅导专家、生命研究专家等相关人士就生命问题相互沟通，并为解决生命问题互相协商合作。

对其他学科教学中的生命教育进行评价时，可以参考以下标准：各科教学设计和教学评价的相应部分是否含有生命教育方面的要求和学习内容；各科渗透生命教育是否符合本学科的特点，突出本学科在生命教育中的独特性；各科在实施生命教育的过程中是否尽量与相关的其他学科建立联系，为学生提供综合性的学习经验。

对生命教育专题活动的开展进行评价时，可以参考以下标准：生命教育活动的目标是否符合学生的需要，目标是否完整；生命教育的资源是否丰富；生命教育活动是否以学生为主体，学生是否主动参与，在活动过程中体验如何；生命教育的结果学生是否有感悟、有收获。

第三，对学校新生命教育管理工作的评价。

学校要有专门的人员或机构负责新生命教育的计划、实施、协调和评价；学校要通过一定的组织形式保证学生、家长、学校教职工和领导，以及社区代表等共同参与学校新生命教育建设，并对学校新生命教育计划的执行进行监督；各学期的学校工作计划明确规定本学期新生命教育的目标、实施方式、时间安排、评价手段和指标等内容，统筹规划各科课程、综合实践活动和班团队活动中的新生命教育内容；学校的规章制度和日常评价包含新生命教育方面的内容，同时在课堂教学、综合实践活动和班团队活动过程中对新生命教育的实施进行评价；学校对教师和管理人员接受新生命教育的培训给予支持并努力创造条件；学校向全校师生提供足够的新生命教育教学资料、设备和场所，并且保证师生便利而有效地加以利用；学校与家庭、社区、政府部门及其他教育机构建立广泛的联系，共同开展新生命教育活动；学校通过各种渠道，利用多种媒体向社会宣传新生命教育的经验和成果，并鼓励广大师生向社会各界宣传各种保护生命的行动；学校及时向全校师生、家长以及社区居民发布有关学校新生命教育最新进展的信息。

　　上述三个方面，既可以进行某一方面的单向评价，也可以进行全面的综合评价。但在新生命教育的开展中，新生命教育的教学过程、新生命教育的管理工作不仅密切相连，而且都是为了促进学生的生命发展。

第八章　新生命教育的师资培养

所有课程都离不开教师。只有教师真正提升了自我的生命价值，理解了生命的内涵，拥有健康的生活观念，才能够以生命影响生命，促进学生生命的发展。生命教育在三个层面进行，第一个层面是最广泛的，所有的教育都是生命教育，都负有生命教育的责任，所有的教师都是生命教育教师，为此，要提高所有教师的生命素养，只有以生命影响生命，才是真正的生命教育。第二个层面是生命教育渗透到一些学科之中，如道德与法治、思想政治、体育与健康、科学、生物，以及语文、历史等学科，这些学科的教师需要掌握相关的学科知识，更需要生命教育的能力。第三个层面是专门开设生命教育课程或者生命教育活动的教师，需要具备系统的、专门的生命教育知识和能力。

当然，生命教育不只是学校的事情，家庭和社会都负有生命教育的重要责任。因此，家长和社会成员也都是广义上的生命教育师资，提升家长和每个社会成员的生命教育素养，也尤为必要。新教育认为，家庭是生命场的中心，是儿童的第一所学校，父母是孩子的第一任老师，童年是人生最关键的阶段，家庭是人生永远离不开的场所。新教育提出了新家庭教育，不仅重视家庭教育，而且提出新家庭教育的十大远景：新家庭教育是呼唤真爱的教育，是崇尚尊重的教育，是共同成长的教育，是平衡和谐的教育，是积极阳光的教育，是亲近自然的教育，从这些远景中可以看出，新家庭教育是充满着生命温情的教育。家庭是亲情的场所，也是进行生命教育的天然课堂。

一、提升每一个教师的生命素养

新生命教育对于师资的需求，不同于一般课程对于师资的需求。新生命教育渗透于教育生活的全过程。每个教师都是生命教育教师。就像我们在2009年的《书写教师的生命传奇》主报告中强调过的那样，教师应该把教育工作作为自身生命价值实现的重要平台，工作过程中呈现的应该是教师丰富的生命。因为所有学科都可以成为新生命教育的隐性课程，所以应该对所有教师开展新生命教育，推动其理念的传播和操作的演练。

新生命教育首先基于教师自身的职业认同。教师蓬勃的生命状态、丰富的生命能量是最重要的教育资源。学生的生活状态及生命形态的形成有赖于教师的引领和示范，师生共同生活，教师是对学生成长影响力最大的生命范本之一。新生命教育的过程就是生命与生命的相遇、陪伴与对话，是教师以生命滋润生命，以生命唤醒生命的过程，要求教师生命的觉醒和在场。新教育认为："生命不可复制，容不得疏忽和怠慢，对生命的敬畏，对生命的唤醒，对生命的尊重，对教育规律的探寻，正是新教育人宵衣旰食、孜孜以求的本心和朝向。"新教育在本质上就是在相遇新教育的过程中，教师的自我发现，与帮助学生发现自我。只有觉醒了的教师，才能发现自我、认同自我、创造崭新的自我，才能不囿于职业压力，冲出内心的藩篱，唤醒学生，带领学生向着明亮那方前行。新教育的重要使命之一，就是激发教师的状态，唤醒教师的生命。2015 年新教育实验第 15 届年会上，山东省滨州市滨城区清怡小学的李红梅老师说："新教育给了我最强烈的幸福感！是新教育唤醒了我生命的第二个春天！"像这样遭遇新教育而被唤醒的教师，绝非一个两个，而是一群又一群。当我们聆听这样一群觉醒的教育工作者的讲述时，会不由自主地被他们觉醒的生命意识、蓬勃的生命状态所震撼所感染，其实，这也就是一种最直接的生命教育。

新生命教育对每个教师的期望都是生命型教师。生命素养是每个教师的本真要求，因为教育是生命对生命的影响。教师自身的生命状态影响着学生的生命状态。所以，提升教师自身的生命素养，是生命教育的前提。这里的教师是指每一个教师，而不单单是专门从事生命教育的教师。教师的生命素养包括什么？一方面包括关于生命认知的知识，涉及生物学、医学、伦理学、心理学、哲学、体育学等多门学科，是一个以生命为核心的广泛的知识领域。但生命教育不是生命知识的教育，而是人格的教育。健康的人格才能孕育健康的生命。因此，生命素养还必须包括健康的、积极乐观的人格，深厚的人文素养、生命情怀，如爱与尊重，这些都是教师自身的生命素养。提高教师的生命素养，有很多途径，在我们看来，重要的途径之一就是阅读与自我修炼。新生命教育研究所推出了生命教育教师推荐阅读书目，涵盖生命的长宽高，就是为了提升教师的生命素养。教师作为成年人，具有较为成熟的世界观、人生观、价值观和思考能力、判断能力，教师在阅读中认识生命的意义，感悟人生的美好，激励实现人生价值，从而拓展自我生命的长宽高。

教师的生命素养是教师实施生命教育的前提，但生命教育还要通过教师"影响"学生。教师对学生生命的影响是一种能力，有没有这种能力，是教师进行生命教育的关键。教师怎样影响学生生命发展，肯定不是靠说教，而是靠心灵的沟通、人格的影响。朱小蔓教授指出："生命教育一定是师生生命相互敞开和走入的过程。这考验着老师人格的本真、情感交往的诚意，锤炼教师情感理解与表达的品质和能力技巧。"因此，教师的亲和力、沟通能力、爱的能力都是生命教育的能力。如何培养教师的生命教育能力？心理沟通技能、心理辅导技能的学习是必要的，但主要不是靠这些，而是靠生命情怀。一个有情怀的教师，一个有爱心的教师，一个阳光的教师，不管采取什么方法，都会带有生命的温度、生命的快乐，绽放生命的光彩。

二、开展生命教育教师的培养和培训

第一，开设生命教育的通识课程，提升相关学科教师的生命教育的意识和学科渗透能力。

提升每个教师的生命素养，有利于开展广义的生命教育。但狭义的生命教育，有其特定的内容和所指。开展狭义的生命教育，从课程的方面看，一个是渗透式的，一个是专题式的。作为渗透式的生命教育，主要体现在中小学的道德与法治、思想政治、体育与健康、科学、生物学等学科。2021年11月，教育部印发了《生命安全与健康教育进中小学课程教材指南》，提出"坚持核心素养导向，结合学科特点，以体育与健康学科落实为主，有机融入其他相关学科"，采取的也是以体育与健康为主的学科渗透的方式。就新生命教育涉及的内容看，可以请不同学科的教师来教授，在不同学科的教学中渗透，如"安全"由班主任、体育教师担任，"健康"由校医、体育教师及心理教师担任，"养成和交往"由班主任、德育教师和心理教师担任，"价值和信仰"由德育教师、语文、历史等人文学科教师和班主任担任。也可以由其他学科的教师，或者优秀家长根据兴趣和特长选择相应的专题进行教学。这些学科的老师进行不同方面的生命教育，相应的知识应该没有问题，关键是上出"生命教育"的味道，否则，生命教育与生物、与体育锻炼、与德育课都没有区别了。比如说，生命教育固然要讲自然生命的知识，但与生物学、生理学怎么区别？生物学、生理学重在相关的科学知识,而生命教育重在生命保护、发展的意识。借助于生物学、生理学开展的生命教育,就是要在生命科学的基础上再走一步,从学科教学到学科教育,从关注知识到关注生命。相关的学科更注重知识、技能,而新生命教育认为,意识重于知识技能。

对于不同学科教师而言,使他们承担新生命教育的相关内容的教学,是目前较为可行的做法。我们对这些教师的培养,重在学科中渗透生命教育的意识与能力,明确在学科教学中渗透生命教育的重要意义,形成关于学科中渗透生命教育理念的意识、生命教育元素的意识、生命教育实践活动的意识,具有较高的学科生命教育实施能力、丰富的学科生命教育经验、敏锐的学科生命洞察力[1],使他们领悟生命教育的意义,理解生命教育的所指,借助于相关学科的知识开展生命教育。针对相关核心学科、重点学科,如道德与法治、思想政治、体育与健康、生物科学等科目的老师,进行针对性更强的培训,帮助这些老师不仅成为成熟的新生命课程实施者,也尽快成为优秀的新生命课程研发者。同时,也建议师范大学能够在师范生的培养中增加生命教育通识课程,在教师培训和教师入职时能够增加生命教育培训和考核,使生命教育如同教育学、心理学一样成为教师的一门必修课程。其实,生命教育不只是应该作为教师教育的通识课程,也应该成为每一

---

[1] 庞维成:《区域生命教育教师培训课程开发与实施》,《上海教育科研》2019年第9期。

个学生的通识课程，包括大学生和中小学生。因为生命教育不仅关系到每个人的生命发展，还关系到未来他们作为父母如何对待下一代的问题。生命是最宝贵的，生命教育在教育中的地位应该得到新的认识。

第二，尝试培养生命教育的专门师资。

生命教育目前还没有列入国家课程，学校普遍没有专设生命教育教师。但是，随着国家对生命教育的重视，尤其是珍爱生命成为学生发展核心素养的重要内容，为了落实学生发展的核心素养，新教育主张开设专门的生命教育课程，如同前面所提到的，即使在其他课程上牺牲一点课时，也不能牺牲生命教育。我们不能只在面临危机时，才意识到生命教育的重要。新教育把生命教育作为卓越课程体系的根基，开发新生命教育的课程和教材、读物和课程资源等。为保证新生命教育专设课程的教学，我们认为，有必要专设新生命教育师资的培养。一方面尝试和师范院校联合培养新生命教育专任教师；另一方面，抓紧开展新生命教育专任教师、兼课教师的在职专项培训。

现有的师范大学教师培养中，没有生命教育专业，但可以借助比较接近的生物学、体育、思想政治教育、心理学或者小学教育等专业进行改造，设置生命教育的方向，培养生命教育的专门师资。这方面首都师范大学初等教育学院、洛阳师范学院、盐城师范学院等已经做出了初步的探讨。鉴于生命教育的师资是复合型的，也可以将相关的两个专业放在一起，培养复合型的生命教育师资，尤其是在教育硕士、教育博士专业中可以尝试。南京师范大学教育博士招生中,在学生发展与教育中设置了生命教育与道德教育的研究方向,培养博士层次的生命教育师资。随着国家对生命教育的重视,相信会有越来越多的学校投入到对生命教育师资的培养之中。

新生命教育一直把生命教育师资的培训作为重要的任务之一。我们以新生命教育研究所为依托,充分利用各类社会资源,如中国宋庆龄基金会中华青少年生命教育论坛、中国陶行知研究会生命教育专委会、中国陶行知研究会新教育分会等,以及高等院校的教学科研机构,如南京师范大学道德研究所、苏州大学新教育研究院、北京师范大学生命教育研究中心、首都师范大学儿童生命与道德研究中心、香港教育大学生命教育研究中心等,充分联络两岸三地生命教育专家,举办生命教育论坛、生命教育种子教师培训、生命教育工作坊等,加强对新生命教育师资的培训,打造一支专业的教师队伍,推动新生命教育事业的发展。

2015年7月,我们在四川金堂召开新教育实验第15届年会。年会上我做了《拓展生命长宽高》的主题报告,为新生命教育吹响了冲锋号。从这次年会开始,在新生命教育领域,我们开展了以下工作:设立新教育研究院新生命教育研究所,全面负责新生命教育的基础理论研究、方法论研究、国内外生命教育比较研究、实践研究、课程开发研究等。开发新生命教育实验用书,努力使之成为国内最具科学性、系统性、权威性的生命教育教材,在新生命教育实验学校推广使用。建设新生命教育资源网,形成开放、灵活、快捷的新生命教育网络平台。开展新生命教育教师通识培训，提高各学科教师开展生命教育的意识和能力，重点提高班主任的生命教育指导能力。建立一批新生命教育实验学校，以实验研究的方式引领中小学校新生命教育的实施工作，有效推进新生命教育。

呵护自然生命，发展社会生命，提升精神生命——我们相信，新教育人将在开展新生命教育的过程中，拥有健美的身体，积极的生活，幸福的人生；我们相信，新教育人的生命将在新生命教育中，拓展得更长、更宽、更高；我们相信，在追寻新教育梦想的过程中，我们每个人都将成为最好的自己！

结　语

　　生命是大自然最为神奇的创造。每一个生命都是奇迹般的存在。每一个人的生命，因独特而弥足珍贵，因自主而积极发展，因超越而幸福完整。

　　我们认为，完整的生命具有自然、社会、精神三重属性，由此构成人的自然生命、社会生命、精神生命，构建出生命的长宽高。

　　自然生命之长强调延续存在的时间，是锻造人类生命链环的重要基础。社会生命之宽重在丰富当下的经验，是实现人类社会和谐的有效途径。精神生命之高追求历久弥新的品质，是构筑人类精神高地的根本手段。

　　新生命教育，是新教育卓越课程体系下的生命课程，以"过一种幸福完整的教育生活"为核心理念，以"生命"为中心和原点，围绕人的自然生命、社会生命和精神生命展开教育，旨在引导学生珍爱生命、积极生活、成就人生，拓展生命的长宽高，让有限生命实现最大的价值，让每个生命成为最好的自己。

　　为此，我们必须以尊重生命为根本，重视过程的幸福与完整；

以身心舒展为前提，吻合生命节律，凸显个性发展；以生命共同体为基石，强调师生共同成长，家校合作共育。

为此，我们已探索十多年，以"新体育"为起点，创造性地研发"每月一事""生日课程""生命叙事课程"等课程，并提出新生命教育的基本主张。

为此，我们致力于研发新生命教育专设课程，已经陆续研发出了一套完整性、连贯性、层次性兼备的教材及资源，与已有课程相互配合，搭建完整的新生命课程架构，有机渗透、共同推进。

我们认为，每一位教师都是新生命教育教师，应该富有生命意识，充满生命活力，以生命影响生命，用生命温润生命；教师、学生、学生父母是共同成长的伙伴、互相依赖的生命，是休戚与共的生命共同体；每个人都是独特的生命，也是人类整个命运共同体的一员，我们关切每个鲜活的生命，并由此关注着民族的未来与人类的前景。

只有这样，我们培育出的一群又一群孩子长大后，在他们身上我们能清晰地看到，政治是有理想的，财富是有汗水的，科学是有人性的，享乐是有道德的。这，就是新教育的彼岸。

我们坚信，并坚持不懈地行动着！

附　录

2021年，新生命教育研究成果获得了广东省基础教育优秀教学成果特等奖。附录部分，是我们的部分成果报告。

附录1：新生命教育课程建设的探索与实践成果报告

拓展生命"长宽高"
——中小学生命教育课程建设的探索与实践成果报告

一、问题的提出

（一）中小学生生命成长危机

当前中小学生生命困惑、生命危机问题堪忧，生命发展面临以下问题：（1）生存技能、生命知识等普遍缺乏；（2）轻忽生命、残害生命的现象层出不穷；（3）消极对待生命、生命价值及理想迷失的情况日益增多。

（二）生命教育课程建设困境

1. 课程体系不完备、目标不明确。忽视了学生生命发展的整体性、连贯性。

2. 课程资源不丰富，教师培训不足。 缺少系统全面的生命教育课程资源，尤其缺少网络课程资源，缺少相对专业的生命教育课程教师，对教师生命教育的普及性培训滞后。

3. 学校、家庭和社会协同不够。 生命教育在学校中被弱化、在家庭中被软化、在社会中被淡化。学校、家庭、社会生命教育亟须协同开展，需要完善三方密切合作、三位一体的生命教育育人格局。

二、解决问题的过程与方法

项目组在20多年的实践与探索中，以理论为先导，以课题为抓手，以实践为检验，从课程建设、共同体构筑、示范引领、推广辐射等方面入手，取得成果。

1. 初步探索（2000—2005年）：理论研究，校本探索，积累经验

一是开展理论研究，立足中国教育实际，初步构建本土生命教育理念。主持研究江苏省"十五"规划课题和全国教育科学规划"十一五"重点课题，在《人民教育》《教育评论》等刊发表《生命教育论纲》等论文，出版《生命化教育》等著作。

二是推动课程研发，将生命教育融于学科教学、班级管理及学校建设，以学校为阵地，开展主题教育、班团队活动，推动校本化开展。开展叙事研究，撰写《一堂课能不能挽救一位学生的生命》，在《教师博览》发表，引起极大反响。

三是出版《生命课》系列丛书，入选新闻出版总署"向青少年推荐书目100种"。2005年，受邀参加首届中华青少年生命教育高峰论坛并作经验介绍，获中国宋庆龄基金会"生命彩虹奖章"。《中国青年报》以《用生命唤醒生命》为题整版报道团队核心成员袁卫星的生命教育个人事迹。召开全国性研讨会，开启德育与生命教育关系的研究，自觉地搭起生命教育理论与一线教师之间的"桥梁"。

标志性事件：出版《生命课》系列丛书，受邀参加首届中华青少年生命教育高峰论坛并作经验介绍，召开全国性研讨会。

2. 课程建构（2005—2010年）：顶层设计，教材编写，资源开发

一是研制纲领文献，在鲁洁、朱小蔓、成尚荣等指导下，研发《中小学生命教育课程指导纲要》，全面梳理课程性质、基本理念、设计思路、课程目标、内容标准、实施建议等。

二是紧扣呵护自然生命，完善社会生命，滋养精神生命的价值追求，编写符合本土实际的从小学一年级到高中三年级全学段的生命教育实验用书。

三是让生命教育走出学校，走进家庭，走进社会，走进学生生命，开发相关课程资源，不断丰富生命教育的内涵，促进生命教育课程的完善。

标志性事件：研发课程指导纲要，编写全学段实验用书。

3. 区域推动（2010—2015年）：指导中心，实验学校，共建共享

一是协助苏州市教育局成立苏州市中小学生命教育研究与指导中心，由袁卫星担任主持人，开展教师培训、课堂教学观摩，承办中华青少年生命教育高峰论坛等活动。

二是经由苏州市教育局批准并授牌了数十所基地学校开展生命教育实践。

三是启动课程共建，参与筹建中国陶行知研究会生命教育专业委员会，主持江苏省教育科学规划重点课题，编写《生命教育》《生命教育教师培训手册》，区域推动生命教育实践。

标志性事件：推动成立苏州市生命教育研究与指导中心，授牌首批基地学校，主持江苏省教育科学规划重点资助课题。

4. 辐射推广（2015—2020年）：教师培训，基地建设，课题研究

一是成立新生命教育研究所，组建专家及骨干教师团队，邀请包括朱小蔓、周国平、孙云晓、成尚荣、纪洁芳（台湾）、何荣汉（香港）等在内的专家学者，成立顾问委员会，开展课程建设与研发。联合中国宋庆龄基金会开展教师培训，三次承办中华青少年生命教育论坛。

二是发表生命教育《金堂宣言》，组建由全国160多所生命教育基地校组成的课程实践共同体，影响并辐射全国5000多所新教育实验学校、数百个新教育实验地区。完善并出版《新生命教育》实验用书22册，推动上述学校和地区开展以专设课程为主，与学科渗透、主题教育、班团队活动、综合实践有机结合，学校、家庭、社会三方参与的全面系统的生命教育课程实践，产生全国影响。

三是深化课题研究，完成多项省部级课题，让理论研究和课程实践同时螺旋上升。开展留守儿童生命教育公益活动，与香港教育大学联合发起"海峡两岸港澳地区经验整合"项目，进一步扩大影响。

标志性事件：成立新生命教育研究所，确立全国160多所生命教育基地校，完成多项省部级课题。

5. 深入探索（2020年至今）：系列网课，学习中心，实践基地

一是探索建设可持续、新常态网络课程。2020年率先推出《新生命教育（抗疫版）》实验用书，以电子书形式全网共享。组织发起"青少年生命教育系列公益讲座"23讲，在线听众超300万，受到《中国教育报》《中国教师报》等多次报道。

二是依托深圳云端学校，继续深化研究，多元并进，积极筹建生命教育网络学习中心，构建"专家+名师+本校教师双师协作、线上线下深度融合"的生命教育新模式。

三是建设生命教育体验馆，打造集优质生命教育体验空间、生命教育教学研究中心、生命教育线下功能教室、生命教育类资源收藏馆、衍生产品服务孵化基地为一体的以场馆课程促进体验式生命教育空间样本。与宝安团区委合作共建青少年生命教育校外实践基地，深入探索建立"家－校－社"联动机制。

标志性事件：推出《新生命教育（抗疫版）》全网共享电子书，推出"青少年生命教育系列公益讲座"，筹建生命教育网络学习中心，打造生命教育体验馆，挂牌校外实践基地。

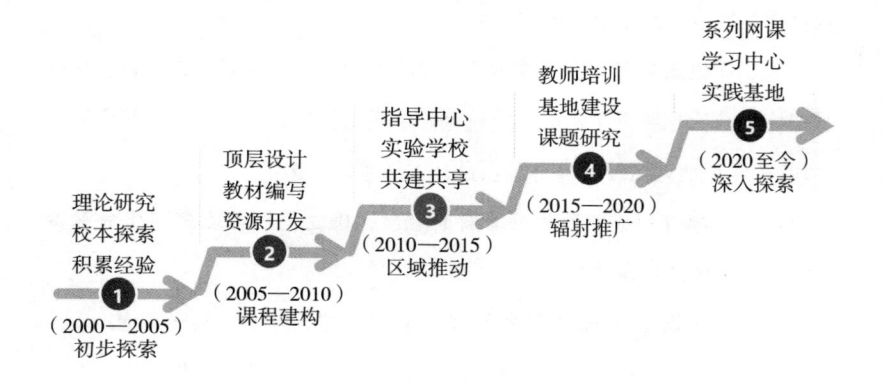

1. 理论研究 校本探索 积累经验（2000—2005）初步探索
2. 顶层设计 教材编写 资源开发（2005—2010）课程建构
3. 指导中心 实验学校 共建共享（2010—2015）区域推动
4. 教师培训 基地建设 课题研究（2015—2020）辐射推广
5. 系列网课 学习中心 实践基地（2020至今）深入探索

团队始终把生命教育课程建设和开展作为要务,以课题研究为抓手和推手,联合课程实践共同体不断探索生命教育的理论与实践。

主要研究课题

序号	课题名称	课题类别	研究时间	主持人
1	《构建学校、家庭、社会三位一体生命教育课程体系的研究——基于未成年学生保护的视角》	教育部法规教育法治课题	2020—2021（已结题）	袁卫星
2	《粤港澳大湾区中小学生命教育专设课程研究》	广东省"十三五"规划课题	2020—2021（已结题）	袁卫星
3	《学校公共生活的建构与公民品格的教育》	2017年度教育部人文科学重点研究基地重大项目	2017—2021（已结题）	冯建军
4	《生命教育专设课程研究》	深圳市重大资助课题	2018—2020（已结题）	袁卫星
5	《中小学生命教育地方课程建设的理论与实践研究》	江苏省"十二五"规划课题	2015—2019（已结题）	袁卫星
6	《网络新媒体环境下青少年学生社会责任感培育研究》	江苏省社会科学基金课题重点项目	2015—2017（已结题）	冯建军
7	《基于学生发展核心素养的生命教育专设课程开发研究》	江苏省第五期"333高层次人才培养工程"项目	2016—2019（已结题）	冯建军
8	《构建促进生命和谐发展的素质教育模式研究》	江苏省教育科学"十五"规划重点课题	2002—2004（已结题）	冯建军
9	《以生命为基础的教育理论与实践的研究》	江苏省哲学社会科学"十五"规划重点课题	2001—2004（已结题）	冯建军

三、成果的主要内容

（一）理论成果：首创"生命长宽高"生命教育理念

三个维度：根据人的生命的三重属性，创造性地提出"生命长宽高"：人的自然生命（自然属性），生老病死，饮食生息，这是生命的长度；人的社会生命（社会属性），各种角色，权利义务，这是生命的宽度；人的精神生命（精神属性），生涯规划，价值追求，这是生命的高度。

三级目标：以此对应，确立生命教育的三级目标为，珍惜生命、热爱生活、成就人生。将生命教育定义为，以人的生命成长为主线，以呵护人的自然生命，完善人的社会生命，滋养人的精神生命，帮助学生更好地理解生命的意义，确立生命尊严的意识，高扬生命的价值，提升生命的质量为价值追求，围绕生命活动和生活而组织，让受教育者拥有健康的身体、积极的生活，过有意义的人生，旨在引导学生珍爱生命，积极生活，幸福人生，拓展生命的长度、宽度和高度，将生命教育从保全生命上升到发展生命，将"小我"培养成"大我"，让有限生命实现最大的价值，让每个生命成为最好的自己，实现人的"全面和谐的成长"，对接"立德树人"。

三大基准：明确提出发展性的全人教育是生命教育的基本思想。从自然生命、社会生命和精神生命的发展需要出发，致力于生命的统整与和谐发展，呵护自然生命，完善社会生命，滋养精神生命，实现"立德树人"。儿童生活是生命教育的基础内容。生命教育不能脱离生活，在儿童的家庭、学校和社会生活中，选择生命发展中的关键主题，引导他们面对成长中的问题，体验成长中的美好，过一种积极的、健康的、快乐的、幸福的生活。实践活动是生命教育的主要形式。生命的发展是一个自觉的过程，只有通过活动实现生命的觉悟，才能真正促进生命的发展。

四项原则：生命教育课程是一门生活化生成性的课程、多主题跨学科的综合性课程、以实践为主要形式的活动性课程、帮助学生感受生命意义与美好的人文性课程。开展的过程，必须遵循与青少年身心发展规律相一致的原则，认知、体验与实践相结合原则，发展、预防与干预相结合原则，学校、家庭与社会相结合原则。

团队总结理论研究及实践成果，发表于《教育研究》《课程·教材·教法》《人民教育》等中文核心期刊。编写出版《生命教育教师手册》《生命化教育》等，具体阐述生命教育的兴起与发展、生命教育的内涵、生命教育的原则、生命教育的目标与任务，以理论研究推动教育教学实践，助力教师开展生命教育。

（二）课程成果：构建生命教育课程体系

1. 创设"3维度，6板块，144主题"生命教育专设课程

一直以来，生命教育都呈散点开展。针对生命教育体系不完备、课程资源不充足、课程内容碎片化等问题，经过20年的实践探索，从研究与实验的角度，创设生命教育专设课程，在基地校、实验区推广，为生命教育探路。历时五年（2005—2010年），研究制定了《中小学生命教育课程指导纲要》，全面梳理生命教育专设课程的课程性质、基本理念、设计思路、课程目标、内容标准、实施建议（含教学建议、评价建议、课程资源开发与利用）等。明确生命教育的意义，把生命作为教育的原点，让每一个生命积极拓展自身的长宽高，不断走向崇高。

140 | 拓展生命长宽高

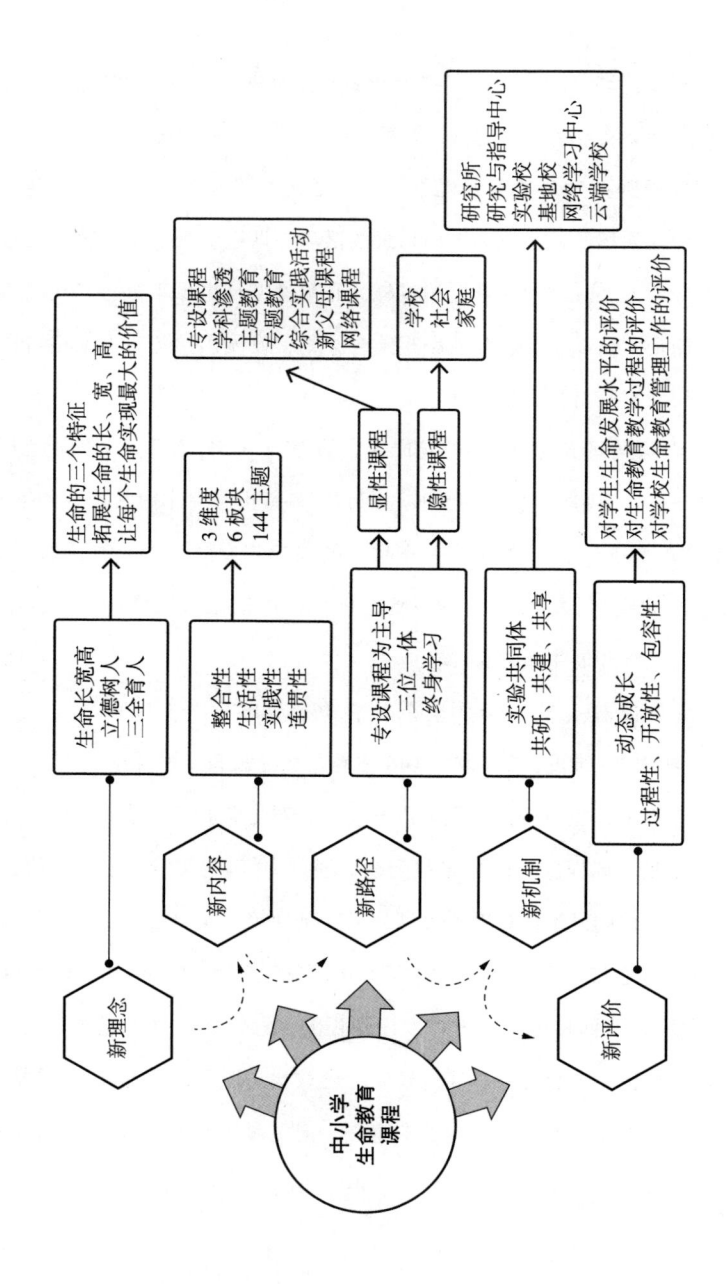

新理念
- 生命长宽高 立德树人 三全育人
- 生命的三个特征：长、宽、高 拓展生命的长、宽、高 让每个生命实现最大的价值

新内容
- 整合性 生活性 实践性 连贯性
- 3维度 6板块 144主题
- 专设课程 学科渗透 主题教育 综合实践活动 新父母课程 网络课程

新路径
- 专设课程为主导 三位一体 终身学习
- 显性课程 / 隐性课程
- 学校 社会 家庭

新机制
- 实验共同体 共研、共建、共享
- 研究所 研究与指导中心 实验校 基地校 网络学习中心 云端学校

新评价
- 动态成长 过程性、开放性、包容性
- 对学生生命发展水平的评价 对生命教育教学过程的评价 对学校生命教育管理工作的评价

中小学生命教育课程

创设生命教育专设课程，持续性、常态化、进课表、入课堂，形成了以专设课程为主导，专设课程与其他课程的教学及各类教育活动有机渗透、相互配合、共同推进的生命教育实施机制。课程具有整合性，统合安全教育、心理健康教育、养成教育、生涯教育等学生在其他课程中分割的生命教育学习内容。围绕"安全和健康"（生命的长度）、"养成和交往"（生命的宽度）、"生涯与信仰"（生命的高度）六大主题，构建了贯穿小学一年级到高中三年级的"3维度、6板块、144主题"的中小学生命教育课程内容、目标体系。

每一学年除了六大主题内容呈现外，另加六个成长记录。课程围绕日常生活中学生遇到的种种生命现象，在生活实践中融"知、情、意、行"为一体开展学习，具有实践性。根据不同年段学生生命发展的需要和面临的问题，设计不同阶段生命教育的主题，螺旋上升，具有连贯性。

课程实施理念：让每个生命成为最好的自己，过一种幸福完整的教育生活。

课程实施策略：起于意识，终于责任。事前负责任重于事后付代价。课程目标中第一位是让学生"防范、警惕、预防、留意、远离、避免、求助"，其次才是告诉学生如何自救与他救，了解和掌握必备的技能和知识。我们认为，责任＞意识＞技能＞知识。

课程实施形式：游戏性＋互动性＋体验式＋生成性。采用基于活动化的"自我测评—互动体验—走进生活—牵牵大手（生活拓展）"的体验式、互动式教学方式，设置"做一做""演一演""说一说""比一比""辩一辩"等环节让学生充分参与，而必要的知识、技能作为小贴士和补充，体验重于记忆，参与重于识记，以实现学生全程化体验式学习，充分保障生命教育课程的体验式和参与性。

课程评价方式：综合性、形成性、开放性、包容性、动态化。依据生命教育的三级总目标，我们设置了分类目标与阶段目标，各年段的评价指标与内容标准的要求相一致。课程的评价目的是帮助学生成为自我生命的呈现者、反思者，让教师成为学生的倾听者与协助者。评价遵从"综合性、形成性、开放性、包容性、动态化"的原则，采用观察、谈话、描述性评语、成长记录袋、情境测验等评价方法，在教育过程中观察学生的参与情况，在日常生活中考察其对生命问题的关注程度。方式上除了通常采用的教师担任评价者外，我们更提倡和重视学生的自我发现、自我评定、自我矫正，以自我评价推动生命的自我发展与自我超越。

课程实施抓手：《新生命教育》实验用书。按照"生命—目标—领域—专题"组建课程体系。编写出版贯穿小学一年级至高中三年级共22册的实验用书，体系完整，达到国内领先水平。实验用书发行近100万册，在超过300多所学校推广使用，包括深圳市新安中学（集团）在内的全国生命教育基地校，以实验用书为抓手，开展有机渗透、相互配合、共同推进的生命教育课程实践，课程样态丰富灵活。中国陶行知研究会原会长、北京师范大学教授、著名德育专家朱小蔓教授评价：这套实验用书"标志着内地生命教育发展到一个新的阶段，它将带动学校教育、教材建设、教师专业的发展"。（《人民网》2016年9月20日）

2. 构建"学校－家庭－社会"三位一体生命教育体系

通过双向同构、内拓外联，开设专设课程与学科渗透、主题教育、班团队活动、综合实践有机结合的显性课程，挖掘"家校社"三重责任、三方参与的隐性课程资源，促使显性课程与隐性课程相互渗透，同向同行。以校园生活、新父母学校、网络课程等形式探索"学校－家庭－社会"三位一体生命教育体系的构建,形成以人为本、多元参与、课堂内外、线上线下、协同开展的生命教育生态系统,从而构建立体化生命教育课程体系,实现全员全程全方位育人。

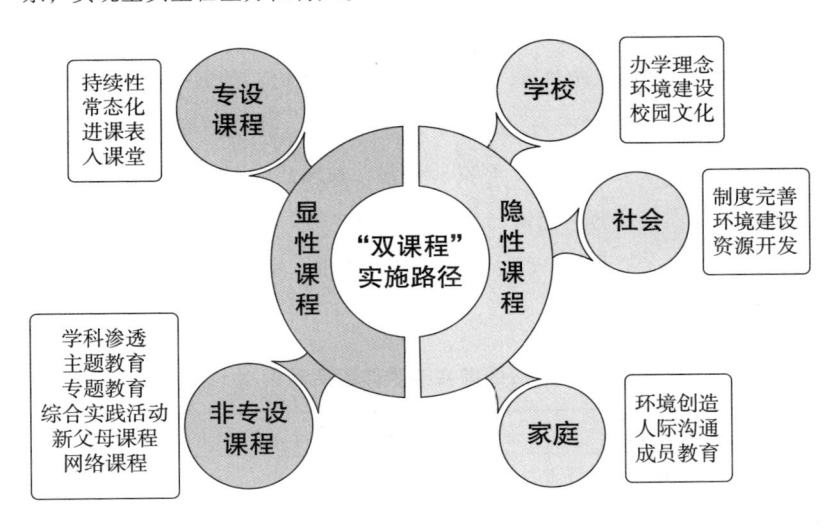

持续性
常态化
进课表
入课堂

专设课程

学校

办学理念
环境建设
校园文化

显性课程

"双课程"实施路径

隐性课程

社会

制度完善
环境建设
资源开发

学科渗透
主题教育
专题教育
综合实践活动
新父母课程
网络课程

非专设课程

家庭

环境创造
人际沟通
成员教育

(1)结合校园生活开展主题教育和综合实践活动

通过体育"1+N"课程、晨诵午读暮省课程、电影课程、班会课程、每月一事课程、生日课程、生死课程、生命叙事课程等形式的主题教育活动,完善生命教育课程体系。

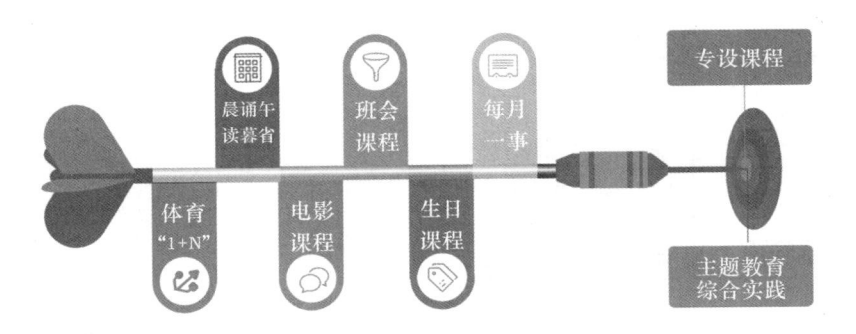

晨诵午读暮省　班会课程　每月一事

体育"1+N"　电影课程　生日课程

专设课程

主题教育
综合实践

我们将学校办成图书馆，进行环境育人，开展生命教育读书沙龙等活动来完善课程体系；以生命教育课程体系为纲领，形成国旗下演讲系列，发挥升旗仪式的育人功能；以各种传统节日为契机，举行系列生命教育活动，以激发学生对生活的向往、对生命的热爱；开辟劳动阵地"锄禾园"，融合劳动教育开展生命教育；求助学生管好"校鸭"，借力践行生命教育，《人民日报》、"共青团中央"公众号、《新京报》、新华网等媒体报道认为，这是"一堂有意义的生命教育课"。同时，长期开展留守儿童生命教育公益活动，并通过发起"与留守儿童共读一本书"等生命教育系列爱心活动，让孩子们在帮助弱势群体和被关怀群体中，发现自己的价值和责任，拓展生命的宽度和高度。

走向生活的综合实践体验活动例举

序号	活动内容
1	保育院关怀老人小孩
2	给特殊学校送关怀
3	送爱到西部
4	与留守儿童共读一本书
5	公开征集"校鸭"管理办法
6	五个博士一堂西瓜课
7	"教师晒童年师生互动竞猜"活动
8	"学生晒笑脸"活动
9	"留守儿童晒童真"活动
10	"童言童语大征集"活动
11	"爱心义卖，捐资助学"活动
12	烹饪实操体验活动
13	锄禾园劳动实践
14	"团队协作"体验实践活动

续表

序号	活动内容
15	"艺术博物馆"实践活动
16	"安全科普"体验式学习活动
17	"安全消防"体验式学习活动

"每月一事"生命教育主题

以阅读、实践、研究、随笔、展示、成果评价等形式贯穿生命教育					
1月	学会吃饭	节约	7月	学会玩球	健身
2月	学会走路	规则	8月	学会微笑	交往
3月	让我们种棵树	公益	9月	学会阅读	求知
4月	让我们去踏青	自然	10月	写封家书	感恩
5月	学会扫地	劳动	11月	学会演说	自信
6月	学会唱歌	艺术	12月	坚持日记	自省

生活是最好的生命教育内容，团队积极利用一切机会适时地对学生开展生命教育，为走向生活的生命教育课程提供了可借鉴、可模仿的行之有效的范本。

（2）由学校向家庭延伸，办好生命教育父母学校

以"家校合作共育"为行动，以办好新父母学校为载体，以生命教育为内容，积极研发新父母课程，从小学一年级至初中三年级，各学段均有相应的主题。同时，创造性开展生命教育电影课活动，邀请亲子共同欣赏生命教育电影，观影后邀请专家学者现场沙龙，分享生命教育先进理念，促进父母、孩子与教师的共同成长，家庭、学校和社区的协调发展。目前，已形成父母学校"必修+选修"结合的菜单课程，帮助父母从"自动化反应"转变到"自主地觉醒"，帮助父母提升教育能力。

近三年新父母学校课程例举

主讲人	主题	学年段	备注	主讲人	主题	学年段	备注
袁卫星	今天怎样做父母	全学段	必修	王秋英	青春期孩子的家庭教育策略	7—9年级	必修
袁卫星	做孩子生命成长的守护神	全学段		田春利	生命教育的家庭视角	全学段	
吴爽	因力懂得 所以从容	全学段		李玫瑾	家庭中的心理养育	全学段	
唐翠娥	用身边的小事培养好习惯	1—9年级		袁卫星	电影课《银河补习班》	7年级	
曾东槐	如何提高学习效率	9年级		李玫瑾	李玫瑾讲座＋电影课《小孩不笨2》	7—9年级	选修
徐菊香	初二关键期，学生学习方法及目标指导	8年级		田春利	空中课堂第2期	8年级	
闫屿	感恩遇见，共助成长	4—6年级		杨晓燕	父母如何发现和管自己的情绪	7—9年级	
吕军	与孩子共同成长	1—6年级		海蓝	如何发现和管理孩子的心理危机	9年级	
段新焕	做一名智慧有力的家长	全学段		侯佳宁	孩子心理危机识别及防范孩子的心理危机	7—9年级	
王秋英	如何陪孩子写作业	1—3年级		刘蒙	从"隐身的父亲"看家庭教育	全学段	
涂南萍	如何激发孩子学习动力	4—6年级		杨晓燕	生涯规划与家庭教育	7—9年级	
陈尚宝	父爱的力量	全学段		涂南萍	解密中考 超常发挥	9年级	

(3）建设生命教育网络课程

着力建设生命教育网络课程，完善生命教育的可持续新常态。开发微信公众号"生命长宽高""袁卫星工作室"，共享课程资源，并在实验学校交流使用。共享电子书，弥补实验用书网络资源的不足。编写《新生命教育（抗疫版）》并将电子版通过网络共享，有效指导和帮助孩子在"抗疫"中学会生存、热爱生活。此书入选"2020中国出版协会儿童阅读好书榜——生命教育主题"图书。组织线上课程，共享课堂资源。将面向新安中学（集团）5个校区191个班级9500多名学生开设的一系列有关疾病防控、珍爱生命、敬畏自然等主题的生命教育课程发布在"腾讯视频"等平台，全网共享。邀请孙云晓、李镇西、海蓝博士等专家，面向全国开设23节"大疫面前，勇敢成长"——青少年生命教育系列公益课，在线学习人次近300万。开展系列线上讲座和公开课，受众超1000万。

"大疫面前，勇敢成长"——青少年生命教育系列公益课

序号	题目	授课人	序号	题目	授课人
1	敬畏生命、牢记担当	袁卫星	6	战胜疫情的10条心理学建议	李永鑫
2	生命无价 人间有情	余国志	7	学会和解，达己成人	卢瑞霞
3	请记住这六位"英勇就疫"的中国人	李镇西	8	疫情当下，如何过好公共生活？	冯建军
4	好习惯成就幸福人生	孙云晓	9	珍爱生命 学会自救（上）	郁华
5	乐观心态 战胜疫情	陶新华	10	珍爱生命 学会自救（下）	郁华

续表

序号	题目	授课人	序号	题目	授课人
11	做一个对社会有担当的好公民	李镇西	18	愤悱：让学习真正发生	王定功
12	你离他们有多远？——从榜样中汲取力量	谢芳青	19	成长六字诀——信望爱学思恒	朱永新
13	抗疫英雄，我想成为您这样的人	何一萍	20	生命的另外一种可能	王一方
14	疫情，让我们重新认识生命	唐露萍	21	只有一个人生	周国平
15	学会生存 懂得宽容	袁卫星	22	生命属性与幸福人生	李西顺
16	做最好的自己	朱永新	23	如何发现和管理自己的情绪	海蓝
17	强大心理资本，照见美好生活	陈俊			

（三）实践成果：形成生命教育课程实践共同体

20年来，我们由校本探索走向区域推动，由区域推动走向共同体建设，并将由实验共同体走向未来学习中心。

目前已挂牌全国生命教育基地校160余所；开展各类生命教育培训500余场，累计培训种子教师500多名；在线讲座100余场，累计受众超1000万。在张家港、太仓、深圳先后承办第十三、十四、十六届中华青少年生命教育论坛，辐射全国多个省市；在华南师范大学、河南师范大学、洛阳师范学院等高校开设生命教育课程，并与香港教育大学一起开展实践活动，促进港澳地区学校生命教育的开展。

未来，我们将利用深圳云端学校入驻校等优势条件，筹建生命教育网上学习中心，以便更好地服务实践共同体，服务全国师生。

四、效果与反思

（一）为学校开展生命教育提供鲜活样本

主持人所在学校建立了"生命教育指导中心""课程研发中心"，先后承办五次全国性论坛，成为全国新生命教育基地校、全国生涯规划示范校、广东省心理健康教育示范校、新课程新教材实施国家级示范区示范校，成功承办中国生涯教育2019年学术研讨会、第十六届中华青少年生命教育论坛、2021年首届全球儿童发展与家庭教育论坛分论坛等，逐渐发展成为引领广东辐射全国的生命教育示范校和学习中心，研究成果在广东省的推广，以学校为示范，以深圳市为区域推进，逐步形成"榜样引领—区域推进—广泛共识—共建共享"的良好局面。

生命教育的开展，有效地促进了实验学校内涵发展、品质提升。各实验学校取得了相关研究成果，生命教育成为学校的教育名片。苏州市第五中学和苏州相城实验中学完成的"中小学生命教育课程化建设"获得了苏州市教学成果奖，苏州市第五中学被宋庆龄基金会授予"生命彩虹奖章"。

（二）为学生收获生命成长注入向上活力

开展生命教育课程的成效在160所基地校，多个生命教育区域推广的地区已初步显现。

以新安中学（集团）第一实验学校为例，据2019年《国家义务教育质量检测学生发展报告》分析，学生抑郁倾向检出率低于区平均4.4个百分点，学生自我管理、合作能力、自我悦纳、价值信仰等指标在区121所学校中处于前列。调查显示，实施生命教育课程以来，越来越多的学生重视并珍爱生命，对生活和未来充满希望和憧憬。教师对工作的认可程度和幸福感知分别达到95.11%和94.46%。师生双方建立和谐关系，促进彼此成长。学校已逐步形成了珍爱生命、积极生活、成就人生的氛围。98.95%的家长认为生命教育课程关注了学生的成长发展需要，有利于促进学生形成健康积极的人生态度。课程开展以来，学生综合素质得到全面提升。学生连续四年荣获宝安区"阳光少年"称号（全区近30万学生每年评10个），多名学生获得深圳"最美少年""最美南粤少年"等称号。近3年，教师区级以上获奖400余项，市级以上获奖70余项，全国性以上获奖20余项。学生区级以上获奖500余项，市级以上获奖100余项，全国性以上获奖30余项。自闭儿童黄泓睿在课程滋养下，成长为南粤少年之"深圳市自强好少年"，多次登上深圳飞扬971电台"星星音乐会"、CCTV-3《向幸福出发》等舞台。学校生命教育的开展，尊重学生生命的独特性，唤醒并激发了学生生命的主动性和创造性，提升了学生生命的质量，切实拓展学生生命长宽高。

（三）为教师成就职业发展增添内生动力

团队承担省部级课题9项，出版实验用书40余册、专著10余部，发表论文200余篇。《生命课》等作品入选中宣部、国家新闻出版总署"弘扬社会主义核心价值体系出版工程"，入选国家新闻出版总署"向全国青少年推荐图书100种"，入选"2020中国出版协会儿童阅读好书榜——生命教育主题"。

实验过程中，袁卫星获评特级教师、正高级教师、中国教育改革先锋教师、广东省中小学名师工作室主持人；冯建军获评博士生导师、教育部长江学者特聘教授、教育部基础教育教学德育工作指导专委会委员。袁卫星、冯建军双双成为中国陶行知研究会生命教育委员会首届常务理事。成果获广东省中小学"学生家长家庭教育"典型案例，广东省教育教学成果奖特等奖，两度获中国教育改革创新案例奖。

（四）为课程开展推广应用赢得社会反响

成果在历届中华青少年生命教育论坛、中国陶行知研究会生命教育专业委员会年会、海峡两岸港澳地区推广。团队受邀在《中国教育报》、江苏广电总台等平台开设公开课和讲座超百场，受众超1000万。在线开展23讲青少年公益课，超300万人受益。《人民日报》、学习强国、新华网、人民网、《人民教育》、《中国教育报》等多次报道，产生了良好的社会反响。截至目前，已有深圳宝安、江苏苏州、江苏泰州、山东日照、山东诸城、河南焦作、山西运城等多个地区区域性进入实验，研究所建立全国基地校160余所，影响和辐射全国5000多所新教育实验学校。

2021年5月，项目组组织专家对本成果进行鉴定。以北京师范大学顾明远教授为组长，北京师范大学林崇德、华东师范大学袁振国、教育部基础教育课程教材发展中心柳夕浪、华南师范大学陈俊等教授为组员的专家组给出了高度评价，认为主持人团队历时20年，在生命教育课程的理论与实践研究中，取得了丰硕成果。具体表现在：1. 丰富了生命教育理论。解决了生命教育与安全教育、健康教育（含心理健康教育）、生涯规划教育、理想信念教育等之间的关系问题，使"培养什么人"有了更好的注脚。2. 完成了生命教育课程的顶层设计。《中小学生命教育课程指导纲要》体系完备、结构合理、要素齐全，适合在中小学校因地制宜，作为校本课程或地方课程灵活实施。3. 生命教育实验用书体系完备、内容丰富、架构灵活，体现出专业性、科学性、规范性。4. 在全国遴选160多所学校作为生命教育基地校开展实验，带动和影响了更多学校和地区。5. 疫情期间表现亮丽。

当然，在实践过程中，也存在着一些不足：1. 以专设课程为主导，与其他课程的教学及各类教育活动有机渗透、相互配合、共同推进的生命教育实施机制还有待进一步完善。2. 实验学校各学科教师，尤其是班主任开展生命教育的意识和能力还有待进一步提升，需要进一步加大生命教育师资培训力度。3. 实验用书经多年实践使用，还有待进一步更新数据，提高质量，修订再版，配套教师教参、教学案例、数字资源建设还有待进一步丰富和完善。

附录2：新生命教育研究所主要著作

冯建军：《生命与教育》，教育科学出版社2020年版。

冯建军等：《生命化教育》，教育科学出版社2007年版。

冯建军主编：《生命教育教师手册》，山西教育出版社2018年版。

袁卫星：《生命课——一个父亲的谆谆教诲》，天津教育出版社2005年版。

袁卫星：《生命课——一个教师的教育手记》，天津教育出版社2006年版。

袁卫星：《心存敬畏》，福建教育出版社2013年版。

袁卫星编著：《生命课——一个学生的必修课程》，天津教育出版社2006年版。

袁卫星等编著：《情感：像雾像雨又像风》，河北人民出版社2004年版。

袁卫星主编：《班会18课》，外语教学与研究出版社2013年版。

朱永新、冯建军、袁卫星主编：《新生命教育》（共22册），山西教育出版社2016年版。

朱永新：《每朵乌云背后都有阳光》，人民文学出版社2021年版。

朱永新：《让孩子创造自己》，商务印书馆2017年版。

朱永新：《人生没有最高峰》，商务印书馆2017年版。

朱永新主编：《生如夏花——生命教育10人谈》，山西教育出版社2020年版。

朱永新主编：《守望春天——生命教育10日谈》，山西教育出版社2020年版。

附录3：新生命教育研究所主要期刊成果

崔娟:《守望新教育，绽放新生命之花》,《新阅读》2018年第6期。

冯建军、姜雪琴:《反思教育 回归生命》,《当代教育论坛》2003年第4期。

冯建军、武秀霞:《生命教育：研究与评论》,《中国德育》2008年第8期。

冯建军、朱永新、袁卫星:《论新生命教育课程的设计》,《课程·教材·教法》2017年第10期。

冯建军:《从"知识型"教师到"生命型"教师》,《上海教育科研》2006年第7期。

冯建军:《从知识课程到生命课程：生命教育视野下课程观的转换》,《课程·教材·教法》2013年第9期。

冯建军:《关注生命 促进生命的和谐发展》,《学前教育研究》2003年第3期。

冯建军:《回归生命的教育》,《中国教师》2005年第2期。

冯建军:《简论学校教育中的生命关怀》,《教育评论》2003年第2期。

冯建军:《教育：为了生命的事业》,《教师之友》2004年第5期。

冯建军:《教育即生命》,《教育研究与实验》2004年第1期。

冯建军:《让教育与生命同行》,《人民教育》2006年第9期。

冯建军:《生命教育：引导学生走好人生之路》,《思想理论教育》2003年第 6 期。

冯建军:《生命教育的困境与选择》,《中国教育学刊》2010 年第 1 期。

冯建军:《生命教育的内涵与实施》,《思想理论教育》2006 年第 11 期。

冯建军:《生命教育论纲》,《湖南师范大学教育科学学报》2004 年第 5 期。

冯建军:《生命教育与生命统整》,《教育理论与实践》2009 年第 22 期。

冯建军:《我国学校生命教育的经验、反思与展望》,《中国德育》2020 年第 9 期。

冯建军:《中小学生命教育课程及其设计》,《北京教育》(普教版)2007 年第 Z1 期。

冯建军:《中学生命教育教材内容的比较》,《中小学校长》2008 年第 1 期。

冯建军:《走向道德的生命教育》,《教育研究》2014 年第 6 期。

冯建军:《做生命型教师》,《中国教育报》2008 年 5 月 10 日。

侯瑞琴:《新生命教育,为学校立魂》,《教育》2019 年第 25 期。

黄辉:《让教育回"家"》,《小学教学研究》2020 年第 24 期。

季卫:《让生命在阳刚之美中拔节》,《好家长》2018 年第 53 期。

刘耀兵:《找寻新生命教育的那亩方塘》,《华夏教师》2018 年第 19 期。

卢锋:《"爱"才能铸铁成钢》,《人民政协报》2019 年 7 月 31 日。

卢锋:《孩子的成长内驱力该怎么培养》,《人民政协报》2021 年 12 月 22 日。

卢锋:《教育其实是一场帮助的行动》,《人民政协报》2019 年 4 月 10 日。

卢锋:《教育千万条 安全第一条》,《人民政协报》2019 年 7 月 17 日。

卢锋:《批评的艺术之情绪处理》,《人民政协报》2019年4月24日。

卢锋:《请站在孩子这边——谈谈教育中的"孩子立场"》,《人民政协报》2021年6月23日。

卢锋:《让孩子认识到"成长才是生命最好的姿态"》,《人民政协报》2021年7月14日。

卢锋:《生命教育:创造生命的无限精彩》,《江苏教育》2018年第56期。

卢锋:《生命——教育的常识与共识》,《教育》2019年第25期。

卢锋:《为什么把假期还给孩子很重要》,《人民政协报》2021年8月18日。

卢锋:《学校生命教育的课程与非课程实施路径》,《江苏教育》2018年第56期。

卢锋:《用爱唤醒孩子的内驱力》,《人民政协报》2021年12月29日。

卢锋:《站在生命的立场上》,《教育》2019年第25期。

卢锋:《尊重儿童,要"走近"更要"走进"》,《人民政协报》2021年11月17日。

孙建明:《农村小学创造性开展新生命教育从哪里入手》,《教育》2019年第25期。

王明洲:《新生命教育的哲学思考》,苏州大学博士学位论文2007年。

徐超:《从新生命教育角度谈"健全人格"教育》,《当代家庭教育》2020年第21期。

叶水涛、陈国庆:《"新生命教育":以生命课程绽放儿童多彩生命》,《中小学管理》2015年第10期。

叶水涛:《新生命教育:润泽儿童的幸福成长》,《华夏教师》2015年第7期。

袁卫星:《给学生真挚的情感关怀》,《河南教育》2006年第12期。

袁卫星:《关注孩子们的生命焦虑》,《人民政协报》2007年9月26日。

袁卫星:《开学第一课:生命教育》,《中国教师报》2020年3月4日。

袁卫星:《开展生命教育应抓住三大关键点》,《江苏教育报》2018年4月4日。

袁卫星:《你怎样才能更安全》,《初中生世界》2006年第32期。

袁卫星:《让生命在教育中诗意地栖居》,《教育》2017年第20期。

袁卫星:《让生命在教育中诗意地栖居——点击班主任工作关键词》,《班主任》2012年第1期。

袁卫星:《生命教育,贵在落地》,《教育》2019年第25期。

袁卫星:《生命教育,让教育找到回家的路》,《中国德育》2020年第18期。

袁卫星:《生命教育:让教育回家》,《内蒙古教育》2005年第7期。

袁卫星:《生命教育课:学会负责》,《内蒙古教育》2005年第10期。

袁卫星:《生命只有一次》,《初中生世界》2006年第26期。

袁卫星:《是你管理着自己的健康》,《初中生世界》2006年第29期。

袁卫星:《一堂课能不能挽救一个学生的生命?》,《教师之友》2003年第5期。

袁卫星:《以美育人:将美育与生命教育联结》,《中国德育》2021年第13期。

袁卫星:《疫情当下,读好生命教育这本大书》,《内蒙古教育》2020 年第 2 期。

袁卫星:《用生命唤醒生命》,《新教师》2012 年第 1 期。

袁卫星:《在死亡教育中追问生命的意义》,《人民教育》2015 年第 7 期。

张艾功、袁国超:《生涯规划视域下的新生命教育》,《教书育人》2018 年第 35 期。

朱永新、冯建军、袁卫星:《新生命教育课程的理念》,《教育》2017 年第 20 期。

朱永新:《补上一堂生命教育课》,《北京教育》(普教版)2020 年第 4 期。

朱永新:《教育应该以生命为原点》,《婚姻与家庭》(家庭教育版)2021 年第 2 期。

朱永新:《面对危机的教育反思》,《人民教育》2020 年第 7 期。

朱永新:《让每个生命成为最好的自己——新生命教育的三项原则》,《河南教育》(基教版)2015 年第 12 期。

朱永新:《生命教育,让每个儿童幸福成长》,《新校园》2021 年第 1 期。

朱永新:《生命教育:让教育回家》,《新课程》(小学版)2006 年第 1 期。

朱永新:《生命教育:一个严肃的话题》,《天津教育》2005 年第 5 期。

朱永新:《拓展生命的长宽高》,《父母必读》2021 年第 9 期。

朱永新:《阅读拓展生命的长宽高》,《中国医学人文》2018 年第 10 期。

朱永新:《真正的教育应为生命而存在》,《江苏教育》2018 年第 56 期。

朱永新:《中小学应该系统开展生命教育》,《在线学习》2021 年第 4 期。

附录4：中小学生命教育课程推荐阅读书目

生命教育推荐阅读书目（小学生版）

〔韩〕Educomic著，〔韩〕车贤珍绘，王慰慰译：《逃离危机总动员：逃离踩踏事故》，湖南出版社2011年版。

〔美〕M.斯科特·派克著，于海生、严冬冬译：《少有人走的路：心智成熟的旅程》，北京联合出版有限公司2020年版。

〔奥〕阿尔弗雷德·阿德勒著，周朗译：《生命对你意味着什么》，国际文化出版公司2007年版。

阿来：《攀登者》，人民文学出版社2019年版。

阿来：《三只虫草》，人民文学出版社2021年版。

〔美〕阿曼达·F.多林著，〔美〕梅丽莎·希金斯绘，李凯琳译：《别让伤害靠近你》，中信出版社2018年版。

〔德〕阿梅丽·弗里德著，〔德〕雅基·格莱亚图，王莹译：《爷爷有没有穿西装》，江苏少年儿童出版社2016年版。

〔比〕埃里克·威舒翰著，〔阿根廷〕埃里克·威舒翰绘，春晓译：《运动探秘》，青岛出版社2019年版。

〔美〕埃米·扬著，柯倩华译：《大脚丫跳芭蕾》，河北教育出版社2007年版。

〔美〕埃米尼亚·伊贝拉著，王臻译：《能力陷阱》，北京联合出版公司2019年版。

〔英〕艾登·钱伯斯著，容晨阳译：《你的礼物呢》，甘肃少年儿童出版社 2016 年版。

〔美〕爱德华·威尔逊著，金恒镳译：《缤纷的生命》，中信出版社 2021 年版。

〔美〕爱因斯坦著，方在庆译：《我的世界观》，中信出版社 2018 年版。

〔美〕安德斯·艾利克森、罗伯特·普尔著，王正林译：《刻意练习：如何从新手到大师》，机械工业出版社 2021 年版。

〔英〕安东尼娅·巴伯著，〔英〕妮古拉·贝利绘，任战译：《老鼠洞的大姐猫》，湖南美术出版社 2020 年版。

〔意〕安琪拉·那涅第著，〔意〕安娜·巴布素、埃尔娜·巴布索绘，徐洁译：《外公是棵樱桃树》，新蕾出版社 2011 年版。

〔法〕安托万·德·圣埃克苏佩里著，李继宏译：《小王子》，天津人民出版社 2018 年版。

〔日〕岸见一郎、古贺史健著，渠海霞译：《被讨厌的勇气》，机械工业出版社 2020 年版。

〔美〕芭芭拉·库尼著，方素珍译：《花婆婆》，河北教育出版社 2019 年版。

〔美〕保罗·史托兹著，石盼盼译：《逆商：我们该如何应对坏事件》，中国人民大学出版社 2019 年版。

毕淑敏：《心灵七游戏》，湖南文艺出版社 2021 年版。

〔德〕博多·舍费尔著，文燚译：《小狗钱钱》，中信出版社 2021 年版。

〔加〕布莱恩·费瑟斯通豪著，苏健译：《远见：如何规划职业生涯 3 大阶段》，北京联合出版有限公司2018年版。

粲然著，马岱姝绘：《旅伴》，北京联合出版有限公司2017年版。

〔美〕查尔斯·都希格著，吴奕俊等译：《习惯的力量》，中信出版社2017年版。

〔美〕达恩·葛帕·穆克奇著，黄勋编译：《彩虹鸽》，北京日报出版社2019年版。

〔日〕大成由子著，李奕译：《如果说出的话能看得见》，连环画出版社2017年版。

〔日〕大津秀一著，语妍译：《换个活法：临终前会后悔的25件事》，中信出版社2010年版。

大鹏编著：《求生——户外生存必备技能》，化学工业出版社2017年版。

〔美〕大卫·麦考利、理查德·沃克著，王启荣、覃路译：《人体运转的秘密——一场不可思议的人体内部旅行》，现代教育出版社2018年版。

戴剑松、郑家轩：《无伤跑法2》，人民邮电出版社2021年版。

戴芸：《苏丹的犀角》，二十一世纪出版社2019年版。

〔日〕稻盛和夫著，曹寓刚、曹岫云译：《心 稻盛和夫的一生嘱托》，人民邮电出版社2020年版。

邓湘子、谢长江：《袁隆平：东方"稻神"》，接力出版社2020年版。

邓亚萍：《心力》，中国人民大学出版社2021年版。

〔英〕迪安著，刘勇军译：《习惯：改变命运的关键力量》，湖南人民出版社2014年版。

〔法〕迪迪埃·德勒尔著，杨昆译：《足球教会了我们什么》，广西科学技术出版社2015年版。

〔美〕迪洛丝·乔丹、萝丝琳·M.乔丹著，〔美〕卡迪尔·尼尔森绘，柯倩华译：《鞋子里的盐：迈克尔·乔丹》，北京联合出版公司2020年版。

〔英〕东尼·博赞著，刘艳译：《思维导图（全彩少儿版）：学习力训练》，化学工业出版社2018年版。

〔日〕东野圭吾著，李盈春译：《解忧杂货店》，南海出版公司2020年版。

方素珍著，徐开云绘：《募捐时间》，接力出版社2019年版。

〔德〕菲利普·韦希特尔著，赵远虹译：《我》，新蕾出版社2009年版。

〔奥〕费利克斯·萨尔登著，杨曦红译：《小鹿斑比》，安徽教育出版社2018年版。

冯骥才：《万物生灵：冯骥才给孩子的散文》，四川文艺出版社2019年版。

格日勒其木格·黑鹤著，九儿绘：《鄂温克的驼鹿》，接力出版社2018年版。

〔澳〕葛瑞米·贝斯、陈颖著：《龙月》，长江少年儿童出版社2017年版。

古典：《拆掉思维里的墙》，中信出版社2021年版。

郭翔：《我的第一本垃圾分类书》，北京联合出版有限公司2019年版。

〔日〕国际运动医学研究所主编，曲岩松译：《体能训练基础理论》（全彩图解版），人民邮电出版社 2020 年版。

国家体育总局青少年体育司、国家体育总局体育科学研究所主编：《儿童青少年科学锻炼手账》，人民邮电出版社 2020 年版。

国家体育总局青少年体育司、国家体育总局体育科学研究所主编：《儿童青少年科学健身指南》，人民邮电出版社 2020 年版。

国家体育总局青少年体育司、国家体育总局体育科学研究所主编：《儿童青少年运动健康促进科普问答》，人民邮电出版社 2020 年版。

国家体育总局青少年体育司、国家体育总局体育科学研究所主编：《夏季奥运会小百科》，人民邮电出版社 2021 年版。

〔美〕哈尔·埃尔罗德著，易伊译：《早起的奇迹》，广东人民出版社 2018 年版。

〔美〕海伦·凯勒著，叶敏等译：《假如给我三天光明》，商务印书馆 2017 年版。

韩青辰：《因为爸爸》，江苏凤凰少年儿童出版社 2019 年版。

何国伟、阿丁编著，芝麻羔绘，叶硕译：《拥抱大梦想》，九州出版社 2015 年版。

〔葡〕何塞·雷迪亚著，〔葡〕安德烈·雷迪亚绘，肖晓、刘超伦译：《战争》，二十一世纪出版社 2020 年版。

〔日〕河合隼雄著，蔡鸣雁译：《爱哭鬼小隼》，浙江人民出版社 2012 年版。

〔德〕赫立本摄影，〔德〕赫尔姆斯著，邓光远译：《男孩女孩的第一本身体书》，广东教育出版社 2015 年版。

〔日〕横滨市运动医学中心编,韩诺译:《运动训练基础理论》,人民邮电出版社2020年版。

〔美〕吉姆·维斯著,刘畅译:《科学有意思:体育高手是怎么炼成的》,晨光出版社2020年版。

几米:《我不是完美小孩》,九州出版社2018年版。

贾弘禔:《生命简史》,中国大百科全书出版社2020年版。

〔丹〕金·弗珀兹·艾克松著,〔瑞典〕爱娃·艾瑞克松图,彭懿译:《爷爷变成了幽灵》,长江少年儿童出版社2018年版。

〔韩〕金旦枇著,〔韩〕洪元杓绘,穆秋月译:《不让消防员伤脑筋》,中信出版社2020年版。

〔韩〕金旦枇著,〔韩〕洪元杓绘,穆秋月译:《不让医生伤脑筋》,中信出版社2020年版。

金惟纯:《人生只有一件事》,中信出版社2021年版。

金冶、吕佳芮主编:《绿色环保从我做起——低碳生活》,化学工业出版社2020年版。

〔美〕卡勒德·胡赛尼著,李继宏译:《追风筝的人》,上海人民出版社2021年版。

〔美〕卡洛琳·亚当斯·米勒著,王正林译:《坚毅:培养热情、毅力和设立目标的实用方法》,机械工业出版社2019年版。

〔美〕卡耐基著,袁玲译:《人性的弱点全集》,中国发展出版社2008年版。

〔美〕凯利·麦格尼格尔著,王岑卉译:《自控力》,北京联合出版有限公司2021年版。

〔英〕凯特·戴维斯著,〔意〕卡诺维斯凯工作室绘,陈宇飞译:《探秘人体》,中信出版社2018年版。

〔美〕克莱儿·麦克福尔著,付强译:《摆渡人》,百花洲文艺出版社2015年版。

〔挪〕克莉丝汀·罗希夫特著,邹雯燕译:《每个人都重要》,明天出版社2020年版。

〔美〕蕾切尔·卡逊著,曹越译:《寂静的春天》,长江文艺出版社2017年版。

李健:《"故事中国"图画书:花公鸡》,新疆青少年出版社2019年版。

李瑾伦:《怪叔叔》,明天出版社2018年版。

李秋沅:《钟南山:生命的卫士》,接力出版社2020年版。

〔美〕理查德·尼尔森·鲍利斯著,李春雨等译:《你的降落伞是什么颜色》,中国华侨出版社2014年版。

〔美〕理查德·斯凯瑞著,李晓平译:《忙忙碌碌镇》,贵州人民出版社2014年版。

〔澳〕力克·胡哲著,彭蕙仙译:《人生不设限》,湖北教育出版社2018年版。

〔美〕利奥·巴斯卡利亚著,任溶溶译:《一片叶子落下来》,南海出版公司2019年版。

梁晓声:《奇异的松鼠》,山东教育出版社2019年版。

林良:《我是一只狐狸狗》,福建少年儿童出版社2017年版。

林十之:《生命之美:奇异植物的生存智慧》,湖南科学技术出版社 2019年版。

林世仁著,唐唐绘:《地球的笔记》,广西师范大学出版社 2018 年版。

刘海栖:《有鸽子的夏天》,山东教育出版社 2018 年版。

刘清彦著,蔡兆伦图:《小喜鹊和岩石山》,河北教育出版社 2016 年版。

留白工作室著:《你好价值》,中信出版社 2021 年版。

陆梅:《无尽夏》,青岛出版社 2019 年版。

陆晓娅:《影像中的生死课》,北京师范大学出版社 2016 年版。

路桂军:《见证生命,见证爱》,广西师范大学出版社 2020 年版。

路遥:《平凡的世界》,北京十月文艺出版社 2021 年版。

〔美〕露易丝·海著,张国仪译:《镜子练习:21 天创造生命的奇迹》,当代中国出版社 2018 年版。

〔英〕罗伯特·戴博德著,陈赢译:《蛤蟆先生去看心理医生》,天津人民出版社 2020 年版。

〔美〕罗伊·鲍迈斯特、约翰·蒂尔尼著,丁丹译:《意志力:关于自控、专注和效率的心理学》,中信出版社 2017 年版。

马波:《科学跑步:实用体能训练方法》,吉林科学技术出版社 2021 年版。

马传思:《奇迹之夏》,大连出版社 2018 年版。

〔美〕马丁·塞利格曼著,洪兰译:《活出最乐观的自己》,浙江教育出版社 2021 年版。

〔美〕马歇尔·卢森堡著,刘轶译:《非暴力沟通》(修订版),华夏出版社2021年版。

〔美〕玛丽·C.拉米亚著，左右妈译：《我要了解自己：青少年情绪管理手册》，化学工业出版社2012年版。

〔英〕玛莎·福尔摩斯、迈克尔·高顿著，丛言等译：《生命：非常的世界》，江苏凤凰科学技术出版社2020年版。

〔英〕米莉·玛洛塔著，孙依静译：《地球上最孤单的动物》，四川美术出版社2019年版。

〔德〕米切尔·恩德著，〔德〕曼弗德雷·施吕特绘，何珊译：《犟龟》，二十一世纪出版社2017年版。

〔美〕米莎·布莱斯著，陈灼译：《生命，万物不可思议的连接方式》，江苏凤凰美术出版社2017年版。

〔美〕纳塔莉·萨维奇·卡尔森著，〔美〕盖斯·威廉姆斯绘，王宗文译：《桥下一家人》，新蕾出版社2021年版。

〔加〕尼尔·帕斯理查著，赵燕飞译：《生命中最美好的事都是免费的》，江苏文艺出版社2014年版。

〔美〕尼古拉斯·艾伦著，漆仰平译：《小威向前冲》，贵州人民出版社2018年版。

彭凯平：《活出心花怒放的人生》，中信出版社2020年版。

彭懿：《山溪唱歌》，接力出版社2017年版。

平平：《我想你了，爸爸》，广西师范大学出版社2014年版。

〔美〕乔治·克拉森著，陈玮编译，刘兰峰绘：《我的第一本财富启蒙书》，新世界出版社2019年版。

秦文君：《云三彩》，天天出版社2019年版。

〔美〕琼·穆特著，阿甲译：《石头汤》，南海出版公司2013年版。

邱承宗：《池上池下》，希望出版社2015年版。

裘山山：《雪山上的达娃》，明天出版社2019年版。

〔韩〕权正生著，〔韩〕郑昇珏绘，孙淇译：《小狗便便》，二十一世纪出版社2011年版。

任众：《大自然笔记：与神奇自然的四季约会》，贵州教育出版社2019年版。

〔英〕萨莉·尼科尔斯著，向丽娟译：《萨姆的八个愿望》，译林出版社2021年版。

〔美〕莎朗·德蕾珀著，卢宁译：《听见颜色的女孩》，接力出版社2012年版。

〔英〕山姆·麦克布雷尼著，〔英〕安妮塔·婕朗绘，梅子涵译：《猜猜我有多爱你》，明天出版社2020年版。

沈家宏：《根本停不下来》，人民邮电出版社2020年版。

生命教育推荐阅读书目（中学生版）

〔英〕史蒂芬·约瑟夫著，青涂译：《杀不死我的必使我强大》，北京联合出版公司2016年版。

〔德〕叔本华著，韦启昌译：《人生的智慧》，上海人民出版社2018年版。

〔美〕斯宾塞·约翰逊著，魏平译：《谁动了我的奶酪》，中信出版社

2020年版。

〔奥〕斯蒂芬·茨威格著,舒昌善译:《人类的群星闪耀时》,生活·读书·新知三联书店2017年版。

〔澳〕苏菲·布莱科尔著,范晓星译:《你好灯塔》,中信出版社2019年版。

苏梅著,庄申菲绘:《喷泉猴》,浙江人民美术出版社2017年版。

〔英〕苏珊·华莱著,杨玲玲、彭懿译:《獾的礼物》,明天出版社2017年版。

孙晓飞:《用心:神经外科医生沉思录》,商务印书馆2019年版。

孙效智等:《打开生命的16封信》,中国青年出版社2011年版。

孙云晓、张引墨:《藏在书包里的玫瑰》,新星出版社2018年版。

〔美〕梭罗著,王家湘译:《瓦尔登湖》,北京十月文艺出版社2019年版。

〔美〕塔拉·韦斯特弗著,任爱红译:《你当像鸟飞往你的山》,南海出版公司2019年版。

汤素兰:《阿莲》,湖南少年儿童出版社2017年版。

陶林、张玲主编:《中小学性健康教育》(小学),高等教育出版社2015年版。

陶林、张玲主编:《中小学性健康教育》(初中),高等教育出版社2016年版。

陶林、张玲主编:《中小学性健康教育》(高中),高等教育出版社2015年版。

〔美〕特里·范、埃里克·范著,朱墨译:《大海遇见天空》,晨光出版社2019年版。

〔日〕田岛征彦著,李秀芬译:《不可思议的朋友》,北京联合出版公司2017年版。

佟丽华主编:《反校园欺凌手册》(学生读本),北京少年儿童出版社2017年版。

王贵强、王立祥、张文宏主编:《活出健康——免疫力就是好医生》,人民卫生出版社2020年版。

王甲:《人生没有假如》,化学工业出版社2012年版。

王开岭:《精神明亮的人》,山西教育出版社2020年版。

王立铭:《生命是什么》,人民邮电出版社2018年版。

王丽丽:《邓稼先:腾空而起的蘑菇云》,接力出版社2020年版。

王雄主编:《青少年身体训练动作手册·徒手训练》,人民邮电出版社2020年版。

〔英〕威廉·格利尔著,邓逗逗译:《极地重生》,长江少年儿童出版社2018年版。

〔塞尔〕维奥莱塔·巴比奇著,〔塞尔〕安娜·格里格杰夫绘,高倩译:《青春期男孩完美攻略》,天天出版社2015年版。

〔塞尔〕维奥莱塔·巴比奇著,〔塞尔〕安娜·格里格杰夫绘,高倩译:《青春期女孩完美攻略》,天天出版社2015年版。

〔美〕维克多·弗兰克尔著,吕娜译:《活出生命的意义》,华夏出版社2018年版。

〔美〕温迪·L.莫斯、唐纳德·A.莫塞斯著,王尧译:《我的青春期:

青少年心灵成长指南》,化学工业出版社2017年版。

〔美〕温迪·L.莫斯著,王尧译:《我要更坚韧:青少年韧性培养手册》,化学工业出版社2017年版。

〔加〕西德尼·史密斯著,范晓星译:《大大的城市,小小的你》,二十一世纪出版社2021年版。

〔美〕肖恩·柯维著,陈允明等译:《杰出青少年的7个习惯》(成长版),中国青年出版社2015年版。

小禾心理研究所:《小学生心理学漫画3:情绪自控力》,江苏凤凰文艺出版社2019年版。

谢泳、王宇编:《人与社会》,四川教育出版社2003年版。

徐鲁:《致未来的你——给男孩的十五封信》,青岛出版社2016年版。

薛涛:《我和树的一年》,青岛出版社2010年版。

〔美〕亚伯拉罕·马斯洛著,许金声等译:《动机与人格》(第三版),中国人民大学出版社2013年版。

〔英〕亚当·尼科尔森著,〔英〕凯特·博克瑟绘,木草草译:《海鸟的哭泣:人们看不到的鸟类爱情与生活》,湖南文艺出版社2020年版。

〔英〕亚历克斯·希勒著,吕良忠译:《天蓝色的彼岸》,北京联合出版有限公司2019年版。

〔荷〕扬·保罗·舒腾著,〔荷〕弗洛尔·李德绘,王奕瑶译:《生命的秘密:从草履虫到达尔文》,人民文学出版社2019年版。

杨青敏主编:《南丁格尔志愿者日志》,上海交通大学出版社2017年版。

杨芮:《别碰,这是我的高中》,浙江大学出版社2017年版。

叶修：《学习的逻辑》，中信出版社2020年版。

叶永烈：《走近钱学森》，天地出版社2019年版。

〔英〕伊莉娜·埃利斯著，张弘译：《我的爷爷奶奶超级酷》，二十一世纪出版社2020年版。

医路向前巍子：《医路向前巍子给中国人的救护指南》，北京联合出版公司2020年版。

殷健灵：《致成长中的你——十五封青春书简》，长江文艺出版社2015年版。

殷健灵：《致未来的你——给女孩的十五封信》，青岛出版社2013年版。

殷融：《从猿性到人性：生命史上最完美的剧本》，上海科技教育出版社2020年版。

银页编著：《城市生存自救宝典》，商务印书馆国际有限公司2013年版。

〔以色列〕尤瓦尔·赫拉利著，林俊宏译：《未来简史》，中信出版社2017年版。

余世存：《时间之书：余世存说二十四节气》，中国友谊出版公司2019年版。

俞敏洪：《愿你的青春不负梦想》，湖南文艺出版社2021年版。

袁凌：《生死课》，上海译文出版社2020年版。

袁卫星：《守望春天——生命教育10日谈》，山西教育出版社2020年版。

〔澳〕约瑟夫·V.西阿若奇等著，杜素俊等译：《走出心灵的误区》（青少年版），上海社会科学院出版社2017年版。

张海迪：《生命的追问》，作家出版社2009年版。

张蕙芬:《自然老师没教的事:100堂都市自然课》,商务印书馆 2015 年版。

张乐:《池塘》,中国中福会出版社 2020 年版。

张泉灵等:《成长,请带上这封信》,人民文学出版社 2014 年版。

张卫东、陶红亮主编:《中小学生健康手册·体育锻炼与游戏》,人民卫生出版社 2012 年版。

张之路、孙晴峰著,〔阿根廷〕耶尔·弗兰克尔图:《小黑和小白》,明天出版社 2017 年版。

赵丽宏:《黑木头》,天天出版社 2018 年版。

〔美〕珍·戴维斯·冲本著,〔美〕耶利米·崔梅尔图,张婷婷译:《北极熊拯救家园》,未来出版社 2015 年版。

郑贞铭、丁士轩:《大师巨匠》,北京联合出版有限公司 2019 年版。

周国平:《从容面对人生》,湖南少年儿童出版社 2019 年版。

周国平:《妞妞——一个父亲的札记》,北京十月文艺出版社 2018 年版。

周岭:《认知觉醒:开启自我改变的原动力》,人民邮电出版社 2020 年版。

朱光潜:《给青年的十二封信》,商务印书馆 2018 年版。

朱光潜:《谈美·谈美书简》,浙江工商大学出版社 2017 年版。

朱自强:《老糖夫妇去旅行》,中国少年儿童出版社 2014 年版。

〔日〕佐野洋子著,唐亚明译:《活了一百万次的猫》,接力出版社 2017 年版。

生命教育推荐阅读书目（教师版）

〔美〕A. J. 赫舍尔著，隗仁莲等译:《人是谁》，贵州人民出版社2019年版。

〔英〕H. 鲁道夫·谢弗著，王莉译:《儿童心理学》，电子工业出版社2016年版。

〔奥〕阿德勒著，王童童译:《儿童教育心理学》，中华工商联合出版社2017年版。

〔法〕埃德加·莫兰著，陈一壮译:《迷失的范式：人性研究》，北京大学出版社1999年版。

〔德〕埃尔弗丽达·米勒－凯因茨、黑德维希·哈耶都著，李婧译:《什么是生命原理》，上海三联书店2015年版。

〔德〕埃克哈特·托利著，曹植译:《当下的力量》，中信出版社2013年版。

〔美〕艾里希·弗洛姆著，刘福堂译:《爱的艺术》，上海译文出版社2018年版。

〔瑞典〕安德斯·汉森著，张雪莹译:《大脑健身房》，中国友谊出版公司2019年版。

薄世宁:《薄世宁医学通识讲义》，中信出版社2019年版。

〔加〕保罗·布卢姆著，徐卓人译:《摆脱共情》，浙江人民出版社2019年版。

北辰:《提升幸福力：改变你一生的30个心理学效应》，青岛出版社2020年版。

〔英〕比尔·布莱森著，闾佳译:《人体简史》，文汇出版社2020年版。

陈岚:《我们为什么被霸凌?》,江苏凤凰文艺出版社2017年版。

〔日〕村上春树著,施小炜译:《当我谈跑步时,我谈些什么》,南海出版公司2015年版。

〔美〕戴维·迈尔斯著,侯玉波等译:《社会心理学》,人民邮电出版社2016年版。

〔美〕丹尼尔·平克著,龚怡屏译:《驱动力》,浙江人民出版社2018年版。

〔日〕稻盛和夫著,曹岫云译:《活法》,东方出版社2019年版。

〔德〕卡西尔著,甘阳译:《人论》,上海译文出版社2004年版。

〔德〕费迪南·费尔曼著,李健鸣译:《生命哲学》,华夏出版社2000年版。

冯建军:《生命与教育》,教育科学出版社2020年版。

冯建军主编:《生命教育教师手册》,山西教育出版社2018年版。

冯契:《冯契文集第三卷:人的自由和真善美》,华东师范大学出版社2016年版。

冯友兰:《中国哲学简史》,民主与建设出版社2021年版。

〔德〕弗兰茨·贝克勒著,张念东等译:《哲言集:向死而生》,生活·读书·新知三联书店1993年版。

古典:《你的生命有什么可能》,湖南文艺出版社2014年版。

〔法〕古斯塔夫·勒庞著,冯克利译:《乌合之众》,中央编译出版社2019年版。

海蓝博士:《不完美,才美》,北京联合出版有限公司2019年版。

韩启德:《医学的温度》,商务印书馆2020年版。

何仁富、汪丽华:《生命教育十五讲:儒学生命教育取向》,中国广播影视出版社 2018 年版。

〔日〕河合隼雄著，李静译：《荣格心理学入门》，东方出版中心 2020 年版。

〔美〕亨利·克劳德著，邹东译：《他人的力量》，机械工业出版社 2021 年版。

〔美〕霍华德·加德纳著，沈致隆译：《多元智能新视野》，浙江教育出版社 2021 年版。

〔美〕吉姆·柯林斯著，俞利军译：《从优秀到卓越》，中信出版社 2019 年版。

纪洁芳等：《生命教育教学》，中国广播影视出版社 2014 年版。

贾大成：《急救，比医生快一步》，天津科学技术出版社 2019 年版。

〔美〕杰·唐纳·华特士著，林莺译：《生命教育：与孩子一同迎向人生挑战》，四川大学出版社 2006 年版。

〔日〕津端英子、津端修一著，朝阳译：《明天也是小春日和》，新星出版社 2016 年版。

〔美〕卡尔·罗杰斯著，石孟磊等译：《论人的成长》（第二版），世界图书出版公司 2018 年版。

〔印〕克里希那穆提著，若水译：《重新认识你自己》，群言出版社 2004 年版。

〔英〕肯·罗宾逊、卢·阿罗尼卡著，李慧中译：《让天赋自由》，浙江人民出版社 2017 年版。

李家成：《关怀生命：当代中国学校教育价值取向探》，教育科学出版社 2006 年版。

李玫瑾:《心理抚养》,上海三联书店2021年版。

李镇西:《教育的100个可能》,漓江出版社2020年版。

〔美〕理查德·格里格、菲利普·津巴多著,王垒等译:《心理学与生活》,人民邮电出版社2003年版。

梁冬:《处处见生机》,中国友谊出版社2016年版。

刘慧:《生命教育导论》,人民教育出版社2015年版。

刘济良:《生命教育论》,中国社会科学出版社2004年版。

刘铁芳:《追寻生命的整全——个体成人的教育哲学阐释》,高等教育出版社2017年版。

卢家楣等主编:《青少年心理十万个为什么》,科学出版社2018年版。

〔德〕鲁道夫·奥伊肯著,赵月瑟译:《生活的意义与价值》,上海译文出版社2018年版。

〔美〕露易丝·海著,徐克茹译:《生命的重建》,中国宇航出版社2008年版。

〔美〕罗伯特·费尔德曼著,苏彦捷译:《发展心理学——人的毕生发展》(第六版),世界图书出版公司2013年版。

〔美〕罗伯特·斯莱文著,吕红梅等译:《教育心理学:理论与实践》(第10版),人民邮电出版社2016年版。

罗点点:《选择与尊严:遇见生命与死亡》,生活·读书·新知三联书店2021年版。

〔美〕马丁·塞利格曼著,洪兰译:《真实的幸福》,浙江教育出版社2020年版。

〔加〕马克斯·范梅南著,李树英译:《教育的情调》,教育科学出版社2019年版。

〔澳〕马修·约翰斯通等著,康太一译:《我有一只叫抑郁症的黑狗》,广西科学技术出版社2017年版。

〔美〕米哈里·契克森米哈赖著,张定绮译:《心流:最优体验心理学》,中信出版社2017年版。

〔美〕米奇·阿尔博姆著,吴洪译:《相约星期二》,上海译文出版社2021年版。

莫非:《风吹草木动》,北京大学出版社2018年版。

〔美〕内尔·诺丁斯著,龙宝新译:《幸福与教育》,教育科学出版社2014年版。

〔美〕欧文·亚隆著,李敏等译:《团体心理治疗》,中国轻工业出版社2010年版。

彭凯平:《孩子的品格——写给父母的积极心理学》,中信出版社2021年版。

芮东莉:《自然笔记:开启奇妙的自然探索之旅》,湖南科学技术出版社2020年版。

〔美〕瑞·达利欧著,刘波等译:《原则》,中信出版社2018年版。

〔美〕史蒂芬·柯维著,陈允明等译:《实践7个习惯》,中国青年出版社2010年版。

〔德〕史怀哲著,赵燕飞译:《生命的思索:史怀哲自传》,长江文艺出版社2013年版。

〔美〕苏拉·哈特著，杨洁译：《教室里的非暴力沟通》，华夏出版社 2015 年版。

孙利天：《死亡意识》，吉林教育出版社 2001 年版。

孙瑞雪：《完整的成长：儿童生命的自我创造》，中国妇女出版社 2018 年版。

孙正聿：《超越意识》，吉林教育出版社 2001 年版。

陶行知：《生活即教育》，长江文艺出版社 2021 年版。

〔美〕托德·卡什丹著，谭秀敏译：《好奇心》，浙江人民出版社 2021 年版。

王定功：《生命教育国际观察》，上海交通大学出版社 2011 年版。

吴清忠：《人体使用手册》，北京科学技术出版社 2019 年版。

武志红：《为何家会伤人》，北京联合出版有限公司 2018 年版。

夏甄陶：《人是什么》，商务印书馆 2002 年版。

肖川：《教育：让生命更美好》，北京师范大学出版社 2015 年版。

〔奥〕薛定谔著，张卜天译：《生命是什么？》，商务印书馆 2018 年版。

薛仁明、王肖：《我们太缺一门叫生命的学问》，中华书局 2018 年版。

〔美〕亚伯拉罕·马斯洛著，曹晓慧等译：《人性能达到的境界》，世界图书出版公司 2019 年版。

〔美〕亚隆著，张亚译：《直视骄阳》，中国轻工业出版社 2015 年版。

杨绛：《我们仨》，生活·读书·新知三联书店 2018 年版。

袁卫星：《生命课——一个教师的教育手记》，天津教育出版社 2006 年版。

〔美〕约翰·华生著，刘霞译：《行为心理学》，现代出版社 2016 年版。

〔美〕约翰·瑞迪、埃里克·哈格曼著，浦溶译：《运动改造大脑》，浙江人民出版社 2013 年版。

张德芬:《遇见未知的自己》,湖南文艺出版社 2019 年版。

张文质:《教育的勇气》,长江文艺出版社 2018 年版。

郑晓江:《生命教育演讲录》,江西人民出版社 2008 年版。

〔日〕中村恒子、奥田弘美著,范宏涛译:《人间值得》,北京日报出版社 2019 年版。

中国红十字总会编:《学生生命安全读本》(教师用书修订本),社会科学文献出版社 2016 年版。

中国营养学会编著:《中国居民膳食指南》(2016 科普版),人民卫生出版社 2016 年版。

钟敏:《青少年生涯教育的 33 个关键词》,重庆大学出版社 2018 年版。

钟南山:《钟南山谈健康》,广东教育出版社 2008 年版。

周国平:《人与永恒》,北岳文艺出版社 2006 年版。

朱小蔓:《情感教育论纲》(第 3 版),南京师范大学出版社 2019 年版。

朱永新主编:《生如夏花——生命教育 10 人谈》,山西教育出版社 2021 年版。

主题索引

阿南达智慧生活学校　013

《班会18课》　064，073，153

班会课程　065，073，143

晨诵午读暮省课程　065，070，143

电影课程　065，071，072，143

定性评价　111，115，117

发展性评价　114

《关于生命教育、生存教育、生活教育的实施意见》　017

广义的生命教育　019，020，050，125

过程性评价　113

过一种幸福完整的教育生活　001，002，007，021，046，049，051，058，082，085，086，130，141

家校社合作共育原则　061

价值澄清教学法　105

教师的生命素养　121，122，123，124，125

每月一事课程　065，069，143

身体教育　035，038，055，065，066

渗透课程　002，064，065

生成性　006，085，086，139，141

生活性原则　056，057

生命安全与健康　017，018，093，094，095，125

生命共同体　043，062，091，131

生命价值与信仰　097

生命叙事课程　065，077，131，143

生命养成与交往　096

生命障碍　034

生日课程　065，074，075，131，143
生死课程　065，076，143
体验性原则　058
拓展生命的长度　011，031，138
拓展生命的高度　045
拓展生命的宽度　039，144
完整的人　005，010，021，049
狭义的生命教育　019，050，125
显性课程　078，080，142
新教育卓越课程体系　001，130
新生命教育的教学方法　103
新生命教育的教学原则　100
新生命教育的评价方式　110

新体育课程　065，067，068
形成性评价　115
一般意义上的生命教育　020
隐性课程　079，122，142
余裕教育　015
治疗性生命教育　002，052，114
《中国学生发展核心素养》　018
《中小学生命教育指导纲要》　017
专设课程的内容设计　089
自然生命、社会生命和精神生命
　002，009，021，052，083，092，110，130，138
自我评价　113，116，142

参考文献

一、专著

〔法〕阿尔贝特·施韦泽著，陈泽环译:《敬畏生命——五十年来的基本论述》，上海社会科学院出版社2003年版。

〔奥〕埃尔温·薛定谔著，罗来鸥、罗辽复译:《生命是什么》，湖南科学技术出版社2007年版。

〔美〕埃里希·弗罗姆著，王大鹏译:《生命之爱》，国际文化出版公司2001年版。

包利民:《生命与逻各斯》，东方出版社1996年版。

〔德〕贝克勒等著，张念东等译:《向死而生》，生活·读书·新知三联书店1993年版。

毕义星:《中小学生命教育论》，天津教育出版社2006年版。

〔英〕伯特兰·罗素著，杨汉麟译:《教育与美好生活》，河北人民出版社1999年版。

〔澳〕布拉德里·特雷弗格里夫著，曹化银译:《生命的意义》，中信出版社、辽宁教育出版社2002年版。

车玉玲:《总体性与人的存在》,黑龙江人民出版社2001年版。

陈卫平、施志伟:《生命的冲动——柏格森和他的哲学》,上海三联书店1988年版。

陈小鸿:《论人的自由全面发展》,人民出版社2004年版。

〔美〕德博拉·A.韦斯特等著,刘卫东等译:《体育基础:教学、锻炼和竞技》,江苏教育出版社2007年版。

樊富珉、贾烜主编:《生命教育与自杀预防》,清华大学出版社2013年版。

方东美:《生生之德》,中华书局2013年版。

冯沪祥:《中西生死哲学》,北京大学出版社2002年版。

冯建军:《当代主体教育论》,江苏教育出版社2001年版。

冯建军:《生命与教育》,教育科学出版社2020年版。

冯契:《人的自由和真善美》,华东师范大学出版社1996年版。

高秉江:《胡塞尔与西方主体主义哲学》,武汉大学出版社2005年版。

高清海:《人就是"人"》,辽宁人民出版社2001年版。

高伟:《生存论教育哲学》,教育科学出版社2006年版。

庚镇诚:《生命本质的探索》,上海科学技术出版社2004年版。

郭元祥:《生命与教育:回归生活世界的基础教育论纲》,华中师范大学出版社2002年版。

郭湛:《主体性哲学——人的存在及其意义》,云南人民出版社2002年版。

韩庆祥、邹诗鹏:《人学——人的问题的当代阐释》,云南人民出版社2002年版。

何怀宏:《生命的沉思》,中国文联出版公司1988年版。

何仁富、刘福州主编:《大学生命教育的课程与教学》,中国广播影视出版社 2015 年版。

贺来:《现实生活世界》,吉林教育出版社 1998 年版。

〔美〕赫舍尔著,隗仁莲等译:《人是谁》,贵州人民出版社 1994 年版。

黄济:《教育哲学通论》,山西教育出版社 2002 年版。

黄克剑:《人韵:一种对马克思的读解》,东方出版社 1996 年版。

纪洁芳等:《生命教育教学》,中国广播影视出版社 2014 年版。

金生鈜:《德性与教化》,湖南大学出版社 2003 年版。

〔德〕卡西尔著,甘阳译:《人论》,上海译文出版社 2004 年版。

〔印〕克里希那穆提著,王晓霞译:《生命的所有可能》,长江文艺出版社 2015 年版。

雷体沛:《存在与超越——生命美学导论》,广东人民出版社 2001 年版。

李家成:《关怀生命:当代中国学校教育价值取向探》,教育科学出版社 2006 年版。

李文阁:《回归现实生活世界》,中国社会科学出版社 2002 年版。

李远哲等:《享受生命——生命的教育》,华夏出版社 2009 年版。

联合国教科文组织编:《教育——财富蕴藏其中》,教育科学出版社 2014 年版。

联合国教科文组织编:《学会生存——教育世界的今天和明天》,教育科学出版社 1996 年版。

刘次林:《幸福教育论》,人民教育出版社 2003 年版。

刘济良、王定功主编:《呵护生命——生命教育的人文关怀》,中国社会科学出版社 2018 年版。

刘济良、王定功主编:《提升生命——生命教育的温情守望》,中国社会科学出版社 2017 年版。

刘济良:《生命教育论》,中国社会科学出版社 2004 年版。

刘济良等:《生命的深思》,中国社会科学出版社 2007 年版。

刘敬鲁:《海德格尔人学思想研究》,中国人民大学出版社 2001 年版。

刘宪华:《激发生命的力量》,吉林人民出版社 2002 年版。

刘翔平:《寻找生命的意义》,湖北教育出版社 2001 年版。

〔德〕鲁道夫·奥伊肯著,万以译:《生活的意义与价值》,上海译文出版社 1997 年版。

牟宗三:《心体与性体》,上海古籍出版社 1999 年版。

邱少全主编:《人及其世界》,上海人民出版社 2000 年版。

冉乃彦:《生命教育课:探索教育的根本之道》,同心出版社 2007 年版。

〔德〕叔本华著、陈晓南译:《爱与生的苦恼》,中国和平出版社 1986 年版。

孙正聿:《超越意识》,吉林教育出版社 2001 年版。

唐文明:《与命与仁》,河北大学出版社 2002 年版。

汪丽华:《身心灵全人生命教育》,中国广播影视出版社 2014 年版。

王北生等:《生命的畅想》,中国社会科学出版社 2007 年版。

王晓虹:《生命教育论纲》,知识产权出版社 2009 年版。

王晓华:《个体哲学》,上海三联书店 2002 年版。

〔美〕维克多·弗兰克尔著,吕娜译:《活出生命的意义》,华夏出版社 2010 年版。

夏基松、段小光:《存在主义哲学评述》,江苏人民出版社 1987 年版。

夏甄陶：《人是什么》，商务印书馆2000年版。

肖川：《润泽生命的教育》，北京师范大学出版社2012年版。

〔美〕小威廉·E.多尔著，王红宇译：《后现代课程观》，教育科学出版社2000年版。

徐崇温主编：《存在主义哲学》，中国社会科学出版社1986年版。

薛克诚等主编：《人的哲学》，中国人民大学出版社1992年版。

〔德〕雅斯贝尔斯著，王德峰译：《时代的精神状况》，上海译文出版社1997年版。

〔德〕雅斯贝尔斯著，邹进译：《什么是教育》，生活·读书·新知三联书店1991年版。

易连云：《重建学校的精神家园》，教育科学出版社2003年版。

袁贵仁：《马克思的人学思想》，北京师范大学出版社1996年版。

张曙光：《生存哲学》，云南人民出版社2001年版。

张曙光：《生存哲学——走向本真的存在》，云南人民出版社2001年版。

张舜清：《儒家生命伦理思想研究》，人民出版社2018年版。

张文质等：《生命化教育的责任与梦想》，华东师范大学出版社2006年版。

张应杭：《人生哲学论》，浙江大学出版社2000年版。

赵汀阳：《论可能生活》，中国人民大学出版社2010年版。

郑晓江：《生命教育演讲录》，江西人民出版社2008年版。

郑晓江：《生命忧思录》，福建教育出版社2012年版。

周浩波：《教育哲学》，人民教育出版社2001年版。

朱汉民：《儒家人文教育的审思》，湖北教育出版社1999年版。

朱永新编著：《新教育年度主报告（2014—2018）》，山西教育出版社

2018年版。

朱永新编著:《新教育年度主报告》,湖北教育出版社2014年版。

二、期刊文章

安桂清、刘宇、张静静:《中小学生命教育课程指导纲要的构建理路》,《课程·教材·教法》2020年第4期。

陈晶:《关于大学生生命教育的意义、内容和方法的新探究》,《广东工业大学学报》(社会科学版)2004年第4期。

陈纬、马震越:《意义情境的营造:大学生种子教师生命教育模式的探讨》,《教育发展研究》2017年第S1期。

程红艳:《教育的起点是人的生命》,《教育理论与实践》2002年第8期。

储昌楼:《让生命教育为融合教育立魂扎根》,《现代特殊教育》2021年第23期。

但汉国:《升华生命教育的三个层面,为学生的幸福成长全面发展奠基》,《中国教育学刊》2020年第S2期。

樊立三:《生命关怀视野下的高校生命教育刍议》,《西北工业大学学报》(社会科学版)2009年第1期。

冯建军、武秀霞:《生命教育:研究与评论》,《中国德育》2008年第8期。

冯建军:《论教育学的生命立场》,《教育研究》2006年第3期。

冯建军:《生命教育论纲》,《湖南师范大学教育科学学报》2004年第5期。

冯建军:《生命教育实践的困境与选择》,《中国教育学刊》2010 年第 1 期。

冯建军:《生命教育与生命统整》,《教育理论与实践》2009 年第 22 期。

冯建军:《走向道德的生命教育》,《教育研究》2014 年第 6 期。

付粉鸽、同雪丽:《道家生命哲学对生命教育的启迪》,《教育评论》2011 年第 3 期。

顾高燕、张姝玥:《论生命教育的价值、属性及其实践路径》,《中国教育科学》(中英文) 2021 年第 1 期。

郭思乐:《经典科学对教育的影响及其与教育生命机制的冲突》,《教育研究》2003 年第 2 期。

何芳:《论生命视角下的幸福教育》,《中国德育》2008 年第 1 期。

何怀宏、高德胜、马国川:《疫情下的思考:生命原则与生命教育》,《华东师范大学学报》(教育科学版) 2020 年第 6 期。

何仁富、汪丽华:《生命教育与意义建构——试论生命教育的现实依据和价值取向及其落实》,《昆明学院学报》2009 年第 2 期。

贺艳洁:《后现代主义视域下的生命教育》,《沈阳教育学院学报》2010 年第 6 期。

胡宜安:《后疫情时代生命教育的新转向》,《中国德育》2021 年第 17 期。

胡宜安:《论生命教育的内涵及本质》,《教育评论》2010 年第 6 期。

金生鈜:《生命教育: 使教育成为善业》,《思想理论教育》2006 年第 21 期。

晋银峰、胡海霞、陈亚茹:《我国大学生生命教育研究十六年》,《黑龙江高教研究》2018 年第 11 期。

赖雪芬:《在大学生中开展生命教育的途径》,《教育评论》2005 年第 1 期。

乐毅、王霞:《简论生命教育的迫切性及实施模式》,《教育理论与实践》2013 年第 28 期。

李斌、程卫波:《学校体育生命教育的现实消解及其价值主张》,《中国教育学刊》2017 年第 2 期。

李高峰:《国内生命教育研究述评》,《河北师范大学学报》(教育科学版) 2009 年第 6 期。

李建红:《生态文明背景下的生命教育理念创新与课程建设探析》,《课程·教材·教法》2013 年第 7 期。

李靖茂:《现代道德教育应重视生命教育》,《学校党建与思想教育》2006 年第 7 期。

李曦、徐杰玲:《和谐社会视阈下的青少年生命教育》,《教育探索》2010 年第 12 期。

李艺:《生命教育的现实需要与价值回归》,《中国教育学刊》2014 年第 9 期。

李颖:《生命教育理念的前提反思》,《东北师大学报》(哲学社会科学版) 2011 年第 6 期。

李政涛:《教育学的生命之维》,《教育研究》2004 年第 4 期。

林曼:《以积极力量为中小学生的心理健康护航》,《班主任》2014 年第 5 期。

刘次林:《英雄·生命·道德——兼议生命教育的误区》,《教育发展研究》2009年第6期。

刘慧:《让生命回到教育的主场》,《人民教育》2020年第7期。

刘慧:《生命教育内涵解析》,《课程·教材·教法》2013年第9期。

刘慧:《生命之美:生命教育的至臻境界》,《教育研究》2017年第9期。

刘慧:《学校生命教育关涉面与着力点》,《中国德育》2020年第23期。

刘济良、李晗:《论香港的生命教育》,《江西教育科研》2000年第12期。

刘济良、马苗苗:《智能时代下教育的困境与坚守——基于生命哲学的视角》,《教育发展研究》2021年第20期。

刘济良、赵荣:《生命教育:道德教育的核心》,《课程·教材·教法》2013年第9期。

刘宣文、琚晓燕:《生命教育与课程设计探索》,《课程·教材·教法》2004年第8期。

刘长城:《生命教育的内容与实施策略刍议》,《当代教育科学》2009年第10期。

路日亮:《人的生命价值与人的全面发展》,《中国特色社会主义研究》2012年第5期。

路秀兰:《让生命教育在教育中绽放异彩》,《中国教育学刊》2020年第8期。

罗楚春:《生命教育的研究与探索》,《中国教育学刊》2004年第12期。

罗祖兵、周俊良:《中小学生命安全教育的泛化及其矫正》,《教育科学研究》2021年第12期。

马亚丽:《生命教育 急需关注》,《教学与管理》2004 年第 7 期。

梅萍、吴芍炎:《后疫情时代生命叙事在生命教育中的价值及应用》,《思想政治教育研究》2020 年第 6 期。

苗睿岚、薛晓阳:《生命教育的转向与教育定位》,《教育发展研究》2016 年第 24 期。

钮则诚:《从台湾生命教育到华人生命教育》,《江西师范大学学报》(哲学社会科学版)2006 年第 2 期。

欧阳康:《生命教育应当直面生存困惑》,《广东社会科学》2011 年第 1 期。

裘娣娜、柯爱红、朱克美:《生命教育课堂教学有效性的几点思考》,《中国德育》2008 年第 1 期。

钱永镇:《校园推动生命教育的具体做法》,《上海教育科研》2002 年第 10 期。

任丽平:《论大学生生命教育》,《绵阳师范学院学报》2004 年第 4 期。

任泽:《存在主义哲学的生命教育思想》,《求索》2013 年第 11 期。

盛天和:《港台地区中小学生命教育及其启示》,《思想理论教育》2005 年第 17 期。

石丽娜、王小英:《为了生命之初的本真——兼论中美生命教育之差异》,《外国教育研究》2013 年第 12 期。

宋兵波:《生命教育中的学生与教师——兼论生命教育向人的教育的回归》,《思想理论教育》2006 年第 21 期。

孙卫华、许庆豫:《生命教育研究进展述评》,《中国教育学刊》2017 年第 3 期。

檀传宝：《论人生信仰的生命意义与生命教育》，《天津师范大学学报》（社会科学版）2009 年第 2 期。

万国华、杨小勇、王碧怡：《生命——体育教育的本真回归》，《南京体育学院学报》（社会科学版）2011 年第 3 期。

王北生：《论教育的生命意识及生命教育的四重构建》，《教育研究》2004 年第 5 期。

王定功、齐彦磊：《生命课堂研究二十年：回顾与前瞻》，《课程·教材·教法》2016 年第 12 期。

王定功：《生命教育的渊源流变》，《中国德育》2019 年第 11 期。

王定功：《生命课堂的基本特征和建构路径》，《教育研究》2015 年第 10 期。

王健：《生命教育发展与研究综述》，《中国德育》2012 年第 8 期。

王学风：《国外中小学的生命教育》，《人民教育》2007 年第 7 期。

王学风：《台湾中小学的生命教育》，《现代中小学教育》2002 年第 7 期。

王艳娟：《生命教育视域下校本课程的创设与实施——以郑州市郑东新区众意路小学为例》，《中国教育学刊》2018 年第 S1 期。

王云峰、冯维：《论幼儿生命教育的可行性及实现途径》，《幼儿教育》（教育科学版）2006 年第 6 期。

魏平、刘晓萍：《试论大众媒介语境下的生命教育——从生命美育的视角出发》，《教育理论与实践》2018 年第 35 期。

吴增强：《生命教育的历史追寻及其启示》，《思想理论教育》2005 年第 17 期。

肖川、陈黎明:《生命教育:内涵与旨趣》,《湖南师范大学教育科学学报》2013年第4期。

肖川、马朝阳、曹专:《生命教育的内涵、价值与实施路径》,《人民教育》2013年第24期。

肖川:《生命教育的三个层次》,《中国教师》2006年第5期。

徐秉国:《台湾中小学生命教育的实施特点》,《教育评论》2006年第4期。

徐岚、宋宸仪:《追问生命的意义——台湾生命教育发展之经验与启示》,《教育发展研究》2013年第12期。

许世平:《生命教育及层次分析》,《中国教育学刊》2002年第4期。

薛继红、王爱玲:《试论生命教育视角下的课程评价及其价值取向》,《教育理论与实践》2017年第28期。

闫守轩、曾佑来:《生命教育:可为、难为与何为》,《教育学术月刊》2003年第4期。

阎光才:《走向日常生活的生命教育》,《教育科学研究》2005年第5期。

杨汉春:《体育教育中生命教育的诉求、融合及路径研究》,《南京体育学院学报》(自然科学版)2014年第5期。

叶澜:《让课堂焕发生命的活力》,《教育研究》1997年第9期。

叶平枝:《生命教育视野下的教师素质建构》,《教育科学》2004年第2期。

于文思:《从"有限之途"到"无限之境"——谈生命教育的三重维度》,《东北师大学报》(哲学社会科学版)2016年第1期。

张鹏:《儒家生死观对生命教育的意义》,《教育评论》2011年第3期。

张文质:《可实践的生命教育》,《上海教育科研》2016年第5期。

张振成:《生命教育的本质与实施》,《上海教育科研》2002年第10期。

张震:《身体教育:生命教育的本质形式》,《广西社会科学》2016年第8期。

赵丹妮:《生命教育视域下的"知行卓越教师"培育实践》,《中国高等教育》2018年第8期。

郑崇珍:《生命教育的目标与策略》,《上海教育科研》2002年第10期。

郑晓江:《关于"生命教育"中几个问题的思考》,《福建论坛》(社科教育版)2005年第9期。

郑晓江:《生命困顿与生命教育》,《南昌大学学报》(人文社会科学版)2012年第2期。

郑晓江:《以文化传统为内核开展生命教育》,《南昌大学学报》(人文社会科学版)2009年第2期。

周洪宇、齐彦磊:《教联网时代的生命教育:智能与生命的双和谐》,《现代教育管理》2020年第8期。

朱耀华、汪玉丰:《由青少年生命意识现状引发的生命教育思考》,《当代青年研究》2016年第5期。

后 记

2015年7月，新教育人欢聚天府花园水城金堂，以新教育人十多年的生命体悟，燃起新生命教育的熊熊火光，围绕着让知识具有生命的温度，围绕着拓展生命的长宽高，围绕着让人们幸福完整地成为最好的自己，进行了一场生命教育的饕餮盛宴。我在这次年会上做了一个题为《拓展生命长宽高——新教育实验生命教育的理论与实践》的主报告。本书，就是在此基础上修订完成的。本次修订由新生命教育研究所所长冯建军教授负责领衔，执行所长袁卫星校长、副所长卢锋博士参与。

《拓展生命长宽高》的年会报告由我拟定基本思路、框架，并与袁卫星先生、童喜喜女士、卢锋博士、余国志博士、孙卫华博士等组成写作小组，在研读文献、调研学习的基础上，各自分别拿出初稿，互相对初稿提出评论与建议。

期间，我们多次请教南京师范大学冯建军教授、新教育研究中心严文蕃主任（美国马萨诸塞大学波士顿分校终身教授）、苏州大学新教育研究院许庆豫院长、湖南师范大学刘铁芳教授、福建师范大学张荣伟教授、江西师范大学何小忠博士、新教育研究院许新海博士、李庆明博士以及成尚荣先生、叶水涛先生、李镇西博士、王雄先生、黄明雨先生、许卫国先生、祝禧校长等，同时在苏州新教育研究院和海门新教育实验区分别召开了新生命教育专题研讨会、新生命教育开放周，承蒙参与者提出了许多珍贵的思想与宝贵的建议，经过前后共计20余次修改，最后由我合成定稿。

2015年完成《拓展生命长宽高》的时候，我们只是对新生命教育的一种希望。经过了新生命教育研究同仁冯建军、袁卫星和卢锋等人的不懈努力，新生命教育研究正在把这些设想变为现实。2016年，新生命教育研究所组织编写了从小学到高中22册《新生命教育》的实验用书，在全国发展了一批新生命教育实验学校和实验区。新生命教育的成果引起了国内外同行的重视，2021年，研究所报送的"拓展生命长宽高——中小学生命教育课程建设的探索与实践"获得了广东省教育教学成果奖（基础教育类）特等奖。新生命教育的研究与实践正呈燎原之势，走向全国。

这本书虽然以我个人的名义出版，但其实是新生命教育研究所全体成员以及全体新教育同仁共同的智慧结晶，也借此机会感谢所有为新生命教育做出贡献的专家朋友和新教育同仁。

最后，特别感谢商务印书馆的顾青先生、王陆军先生和责任编辑史慧敏老师的大力支持和卓有成效的工作。

朱永新
2022年1月8日定稿于北京滴石斋

图书在版编目(CIP)数据

拓展生命长宽高:新生命教育论纲/朱永新著.—北京:商务印书馆,2022(2025.3重印)
ISBN 978-7-100-20997-7

Ⅰ.①拓… Ⅱ.①朱… Ⅲ.①生命哲学—教学研究 Ⅳ.①B083

中国版本图书馆CIP数据核字(2022)第056151号

权利保留,侵权必究。

拓展生命长宽高

新生命教育论纲
朱永新 著

商 务 印 书 馆 出 版
(北京王府井大街36号 邮政编码100710)
商 务 印 书 馆 发 行
北京顶佳世纪印刷有限公司印刷
ISBN 978-7-100-20997-7

2022年5月第1版　　　开本 880×1230　1/32
2025年3月北京第5次印刷　印张 6¾

定价:45.00元